基金项目：
安徽省哲学社科规划一般项目：创新生态系统视角
与效率提升对策研究(AHSKY2019D022)

创新生态系统视角下企业创新绩效及创新效率提升对策

王凤莲 ◎ 著

中国财经出版传媒集团

经济科学出版社

Economic Science Press

图书在版编目（CIP）数据

创新生态系统视角下企业创新绩效及创新效率提升对策/王凤莲著. —北京：经济科学出版社，2021.12
ISBN 978 - 7 - 5218 - 2284 - 7

Ⅰ.①创…　Ⅱ.①王…　Ⅲ.①创业创新 - 研究 - 中国
Ⅳ.①F279.23

中国版本图书馆 CIP 数据核字（2021）第 268317 号

责任编辑：孙丽丽　撅晓宇
责任校对：李　建
责任印制：范　艳

创新生态系统视角下企业创新绩效及创新效率提升对策

王凤莲　著

经济科学出版社出版、发行　新华书店经销

社址：北京市海淀区阜成路甲 28 号　邮编：100142
总编部电话：010 - 88191217　发行部电话：010 - 88191522
网址：www.esp.com.cn
电子邮箱：esp@ esp.com.cn
天猫网店：经济科学出版社旗舰店
网址：http://jjkxcbs.tmall.com
北京季蜂印刷有限公司印装
710×1000　16 开　13.75 印张　230000 字
2021 年 12 月第 1 版　2021 年 12 月第 1 次印刷
ISBN 978 - 7 - 5218 - 2284 - 7　定价：58.00 元
（图书出现印装问题，本社负责调换。电话：010 - 88191510）
（版权所有　侵权必究　打击盗版　举报热线：010 - 88191661
QQ：2242791300　营销中心电话：010 - 88191537
电子邮箱：dbts@ esp.com.cn）

前　　言

　　创新是时代进步和发展的灵魂，是社会经济不断发展的关键驱动力。伴随着时代的发展，创新的必要性日益呈现，创新的含义也在不断完善和健全。我国"十四五"整体规划也强调了创新将变成我国社会经济发展的重要驱动力，与此同时也授予了创新的含义。它强调，在未来创新主题活动中，创新的执行行为主体将不再是单一的，行为主体的多样化、因素的多元化将变成关键发展趋势。创新行为主体通过融合多方面资源，大幅度降低了创新主题活动的成本费用，这意味着将来的创新方式一定是开放式、系统化的。

　　据此，在持续的实践活动和探寻中，融合日益盛行的生态文明建设，学界明确提出了创新生态系统这一定义。创新生态系统，便是将传统式生物学的有关基础理论与企业管理学基础理论融合起来，并用在具体的创新主题活动中。创新生态系统内的每个行为主体并不是独立存在的，而是具备相互依存的经济发展共体。系统软件是由每个利益相关的行为主体组成的，主体之间相互影响、互相影响，以维持全部系统软件的平衡平稳。创新主题活动必定会造成相对应的创新业绩考核和创新高效率，即"创业创新"，在提倡"创业创新"的时代特征下，创新生态系统的必要性也日渐突显。世界经济的关键和精粹是创新生态系统，以创新生态系统的角度去进行创新主题活动是一种时尚潮流，也是一种新发展趋势。在发展和维护创新生态系统的全过程中，企业是开展创新教育科研社会实践活动的关键责任者，是创新生态系统中的科研成果变化为价值及其经济发展文化价值的关键引领者、分派者，与此同时也是获益者。怎样根据创新生态系统提高创新业绩考核和创新高效率是企业发展的关键难题。因而，为了更好地适应新环境和确保机构创新业绩考核，企业应当表现出不断的创新魅力。在经济发展全球化的今日，企业中间的市场竞争日益激烈，市场竞争的方式也各种各样，新的发展自然环境给企业产生了很多新的挑战，企业要想在激烈的市场竞争中不被取代，务必要擅于发觉新难题，以一种新思维看待企业将来的发展。创新生态系统在协助企业着眼于现实状况的同时，激励企业将企业与每个相关者的关联视作统一的系统软件，激励企业与系统软件内的每个行为主体中间协作并完成一同发展，激励企业要开拓创新地开展技术水平的管理和创新管理方法。总而言之，企业的发展方式从因素推动、项目投资推动向创新推动变化是大势所趋。

纵览全球，"创新"的宣传口号在越来越多的企业中传开，而"创新"不可以只是一个宣传口号，还必须以身作则，付诸实践活动，让"创新"服务大家的生产制造和日常生活。我国企业委员会第 19 次公示公告了"我国企业 500 强"的排名榜单，并对 500 强企业的特点进行剖析。科学研究表明，近几年来，在我国 500 强企业持续提升了对创新产品研发的资金投入，2020 年企业研发投入超 5% 的企业增加了 2 家，各领域研发投入较往年均有提高，而且 500 强企业专利权与创造发明总数不断提升。从我国 500 强企业的发展状况能够看得出，创新在企业发展发展壮大的全过程中的必要性越来越突显，企业对产品研发的资金投入持续提升说明创新越来越成为企业间的共识，企业要想在猛烈的市场需求中出类拔萃就务必开展创新主题活动。创新主题活动的方式是各种各样的，包含对技术、专业知识乃至管理机制的创新。企业在开展创新主题活动的全过程中会碰到各式各样的正面和负面信息的影响因素，企业应当客观看待这种影响因素，把握机会，加强正向要素，积极主动寻找合理的方式，削弱负向要素。对此，要降低企业在创新主题活动中的阻拦要素，企业更须将创新的观念深层次渗入企业的每一位组员的观念中、渗入企业管理方法的各项任务中，联系实际，用创新生态系统的基础理论去发觉并处理企业发展的难题，这可以协助企业的创新主题活动获得事倍功半的实际效果。

本书根据对创新生态系统基础理论的整理，从创新生态系统角度考虑，融合近些年中国企业的发展特性和发展规律性，对危害企业创新主题活动的要素开展了汇总、梳理，通过创建客观性的博弈模型和开展实证研究，研究了在创新生态系统内创新主题活动的影响因素怎样对企业的总体经营产生影响，以探寻在创新生态系统角度下企业创新业绩考核和创新高效率的提高对策。除此之外，本书还融合近些年安徽企业的发展状况，通过实地考察、在网上检索、问卷调查派发等线上与线下紧密结合的方式去搜集必需的统计数据，根据相对应的电子计算机系统软件对获得的信息内容开展梳理、认证，使科学研究的结果更为客观精确。

　　本书全稿由王凤莲著，研究生胡文婷、苏晴参与了第二章相关理论及研究现状的梳理和撰写。因为时间的迫切性，再加上一些客观原因的限定，书稿的编写还存有一些不足，后续有待健全，请广大读者给予适度的原谅，欢迎广大读者进行批评和提议，谢谢！

目　　录

第 1 章　绪　　论

1.1　研究背景

1.1.1　时代背景

随着知识经济、经济全球化的发展，信息化和网络化程度的不断提高，地域界线逐渐弱化，市场竞争也日趋激烈。在这样的时代背景下，技术创新和理念创新显得尤其重要，打破原有生产经营方式的桎梏进行创新成为国家经济发展重要力量。当前，中国经济处在高速增长迈向高质量增长、供给侧结构性改革的转型攻坚阶段，技术创新不仅承担着新时代中国由人口大国向创新强国进步的重要职责，而且是促进企业持续发展、国家综合国际竞争力提升的关键性因素。对企业而言，技术创新能力的强弱也体现了企业核心竞争力的大小。在创新驱动发展的时代背景下，企业提升创新能力和创新绩效并将创新成果运用于实际生产中的现实需求越来越紧迫。技术创新成本高，时间周期长，加上创新收益具有较强的不确定性，因此，在实践中，很多企业由于自身规模和资源的限制，无法进行创新活动或者在提高创新绩效的过程中遭遇瓶颈，难以进行技术创新和研发，加上对创新主体的要求也有所提高，这使得技术创新也在经历着变革。尽管网络技术的发展和各领域之间的交流合作使得技术流动性提高，但是技术创新的多变性和复杂性并没有减弱，单个主体的技术创新能力和创新水平受到的挑战日益严峻。"众人拾柴火焰高",如果多个企业、组织一起参与技术创新,互通有无,深化交流,进行信息、资源共享,将会极大提高创新绩效,突破创新难题,获得创新成果。因此,整合各方资源,实现优势互补的协同创新网络应运而生,这有助于实现网络内资源的有效配置。协同创新网络在发展过程中形成了其独有的特征,这些特征对于处在网络中的集群市场产生了重要影响。

在现有企业中,我国小微企业占较高比重,而由于自身能力的限制,小微企业难以应对技术创新的快速发展,加之国家层面提出重视技术创新的方针,因此创新网络条件下的协同创新和技术共享已经成为未来经济发展的大势,协同创新逐渐成为现代首选创新方式。协同创新的目的是,各个主体通过沟通和信息交换,各取所需、加快获得创新成果。目前,协同创新网络逐渐形成,其规模也在不断扩大,辐射到的地区、企业、高校和科研机构的数量不断增加,并且带有鲜明的特征。

1.1.2　创新生态系统新视角

创新生态系统运用系统学和生态学的知识,可以较好地解释创新主体的行为、结构、机制和效率,它是区域、产业和企业层面创新研究的关键理论和方法。创新生态系统是一个拥有完备合作创新支持系统的共同体,系统中的每个创新主体通过发挥自身的异质性和与其他主体的协同作用,获得价值创造,建立起相互依存、共生演化的网络关系。随着新一轮科技革命和产业革命的涌起和扩大,以创新生态为代表的高端创新环境及其要素引领的新经济发展模式正在塑造中国乃至全球的经济格局,形成新的经济增长点,传统方式下的创新环境正在逐步被新型的创新环境所替代。随着知识经济、互联网的快速发展和信息技术的广泛传播,这一现象更加明显。

从熊彼特首次提出创新理论以来,很多国家都意识到研发和创新的重要性。企业作为经济市场中创新活动主体和承担者,是系统中最为关键和最为核心要素。目前,真正帮助和引导创新活动的主要力量是市场,而不是政府。因此,共享发展资源已成为创新活动的共识。目前,创新结构的主体包括科研机构、企业和社会个体。因此,在未来,所有人都能参与到创新活动中，为构建创新生态系统和提高创新效率搭建了极其合适的空间和平台。

1.1.3　机遇与挑战

在新的创新环境下，企业之间的竞争更加激烈，竞争的方式也日益多样化，企业要适应新的发展环境、跟上时代发展潮流，显然创新不仅是最好的应对手段，也是企业长期生存和发展的重要动力，而企业的创新面临的挑战与困难也并没有减弱，企业要想削弱那些对企业发展不利的因素、增加对企业创新活动有利的因素，就必须要学会与其他企业合作交流。创新生态系统就是一种将企业视为"命运共同体"的网络体系，它强调企业的创新活动不仅要做到企业内部的平稳运行，还要与企业外部协同发展、互利共赢，为企业的创新活动创造有利的内外部环境。因此，以创新生态系统视角探究企业的创新活动是时代发展的一种趋势，也顺应了经济全球化的发展潮流。在大力倡导创新的今天，越来越多的企业开始积极响应这一号召。企业要发展壮大必须重视创新，重视企业的创新将是当今企业发展的趋势。在创新备受关注的背景下，由创新带来的经济效益在企业的总体效益中占有日益重要的比重，因此，企业的创新绩效越来越关系到企业的整体绩效，提高企业的创新效率会在很大程度上带动企业生产效率的提高，研究创新生态系统下的企业创新绩效和创新效率的提升策略符合当下企业的发展潮流。

1.1.4　现状与研究价值

已有的关于创新生态系统的研究成果也比较丰富，目前国内外从创新生态系统视角研究创新绩效和效率大部分支持创新生态是符合当今发展趋势、具有深远前景的系统，对促进经济发展有重要的作用。创新生态系统和企业创新绩效与创新效率之间存在着互相影响的联系，可以为企业带来创新活力，有利于企业形成创造性的问题解决方案。

我国的经济技术发展不断向"创新驱动"转型，企业作为创新架构中基本的活跃主体，受到政府机构、科研单位、金融中介等越来越广泛的关注。创新生态系统强调企业间的共同发展，随着全球经济化的深入推进，创新生态系统下的协同创新网络应运而生。协同创新网络是创新生态系统的一个重要分支，它是一个包含多种因素的复杂系统，这些因素影响企业的创新绩效和创新效率，这种影响可以是直接的，也可以是间接的，例如价格和产量作为中介因素，对影响企业创新绩效和效率，解析企业创新绩效和效率的影响机理具有重要的现实意义，也是当下许多学者热衷于研究的话题，这符合时代发展的趋势，也满足企业发展的需求。

1.2 研究目的

本书以创新生态系统为视角，研究创新生态系统下创新网络的特征对于系统内部企业价格博弈均衡和产量博弈均衡的影响，并且通过收集安徽省企业创新数据，研究创新绩效及效率的影响因素，提升研究结论的科学性和可靠性，探究企业创新绩效和创新效率的提升策略。具体地，本书的研究目的主要有以下几个方面。

1.2.1 促进企业创新发展

创新是引领企业发展的重要动力，在技术不断更新换代的今天，企业只有进行不断的创新才能够脱颖而出，因此，创新是企业发展的核心与灵魂，而创新生态系统则是推动企业创新绩效的重要引擎。然而，现有环境下，企业大多暴露出创新活动不合理不规范，资源缺乏协调，自身创新动能不足、创新绩效不高等问题。提升企业创新绩效一直以来都是学术界和企业界关注的重要问题。创新生态系统作为一种新的创新理论，融合了生态学理论与创新理论，具有新理念和融合各要素的独特视角，对于企业获得竞争优势、实现可持续发展有很重要的意义，更是使得企业在市场角逐中可以持续处于优势地位的重要依托，对企业的生存与发展起着极为重要的作用。本书以创新生态系统的基本理论以及现有研究前沿和经典文献为基础，运用一系列方法，研究创新生态系统对企业创新绩效和创新效率的影响，希望可以为企业的发展提出相关的建议。

1.2.2 提高企业、地区和国家的竞争力

在倡导"双创"的时代背景下，企业创新能力发展成为衡量国家、地区竞争力和发展潜力的重要因素，企业的研发投入所带来的发展效益在企业总体效益中占有越来越重要的比重，甚至对一些以研发为主要发展模式的高新技术产业，企业的创新活动所带来的绩效在企业的总体绩效中占有绝对的比重，对企业的发展起到关键性作用，因此提升企业的创新绩效和创新效率是企业发展的迫切需要。本书以创新生态的视角探究企业创新绩效和创新效率的影响因素，通过博弈模型和实证的研究方法刻画各种因素与创新绩效和创新效率的关系情况，旨在为企业的创新绩效和创新效率提升提供有价值的参考，让企业良好发展，促进整个创新生态系统更好发展。

1.2.3 维持企业集群市场的价格稳定和产量均衡

不创新的企业是没有持续生命力的，在现如今产品更迭迅速的市场中，一成不变的企业很容易被淘汰。创新能力是企业立足于市场的重要因素，而企业是技术创新的物质载体，同时产品价格也是企业生存和市场发展的重要因素。本书研究协同创新网络特征对集群市场价格稳定性的影响，通过梳理协同创新网络特征的相关理论，结合当今协同创新网络发展现状，深入分析协同创新网络对企业的重要性，为企业提供顺应及融入协同创新网络的理论支持。本书利用博弈论的研究方法，利用 Bertrand 模型分析对集群市场价格稳定性产生影响的协同创新网络的特征。根据研究结果，针对现今集群市场中企业面临的价格问题提出建议，以维持集群市场价格的稳定性，促进企业间的和谐共赢和共同发展。

为了探究在集群环境中协同创新网络的特征对企业在市场中实现产量博弈均衡的影响，本书主要针对以下几点进行研究：（1）协同创新网络的某些特征是否对集群企业的产量博弈有影响作用？（2）某一特征如何对企业产量博弈产生影响？（3）企业是否可以利用该影响稳定

自身的产量系统?

1.2.4 促进企业机会识别能力的提升

本书研究在新经济时代背景下,为机会识别能力不同的企业集群选择最优的价格策略,设计出一套合理的价格选择方案,以促进企业机会识别能力的进步和核心竞争力的提升。本书梳理机会识别能力、集群双寡头和价格博弈均衡的相关概念和理论,以及国内外企业价格选择机制研究现状,综述机会识别能力对于企业和行业发展乃至国家核心竞争力培养的重要性。针对企业间的机会识别能力的囚徒困境,应用博弈论的研究思路,各自运用静态博弈和演化博弈,剖析机遇鉴别全过程中企业定价策略挑选的动机和影响因素。在博弈剖析的基础上,依据当代企业的具体情况,明确提出一套行之有效且具备目的性的企业价值管理决策计划方案,以推动企业机遇鉴别能力的提高,推动企业与领域的全方位技术性发展和升级,拟为当代企业管理人员和政府部门机构制订有关政策时提供借鉴。

1.2.5 提供提升创新绩效的理论基础

创新生态系统对企业得到市场竞争的优势、完成可持续性发展十分重要,也是企业在销售市场争夺中能够不断处在优势影响力的关键借助。怎样运用创新生态系统提高企业的创新业绩考核也是世界各国创新理论基础研究的最前沿难题。本书科学研究并分析创新生态系统的基本因素、关键特点及创新业绩考核三者中间的基础理论联络,使这三者中间的危害、功效一目了然,能够为实证研究提供关键的理论来源;创建了在创新生态系统的三个关键功效下,创新生态系统的基本因素对企业创新业绩考核产生关键危害的关系模型,与此同时用定量分析法的方式,认证创新生态系统的关键特点在基本因素和创新业绩考核中间的中介作用;在中国企业具体发展情况下,融合世界各国有关科研成果,为企业可以在创新生态系统的协助下提高企业的创新业绩考核提供理论基础。

1.2.6　提出指导企业创新方向和对策

依据我国的战略发展规划和现行标准，以世界各国有关企业高效率、创新生态系统的科学研究和创新的影响因素为借助，针对我国具体情况，科学研究创新生态系统的基础理论含义，以此为角度找到危害企业创新的要素。根据对企业的实证分析，分析现阶段企业的创新现况，并论述在创新生态环境保护下企业怎样运用自然环境中的资源开展融合，进而讨论企业创新存在的不足及缺点，对于这种难题，融合调研数据信息和具体情况，讨论创新生态系统角度下的企业创新具体指导方位和防范措施。

1.2.7　提高创新绩效

创新是企业得到销售市场优点、真真正正走可持续性发展道路的根本遵循，也是协助企业在销售市场争夺中不断处在有益影响力的支撑点。创新生态系统是创新理论的一个关键支系，也是世界各国创新教育教学理论科学研究的最前沿难题。本书剖析和判断当今企业的创新能力、创新方式及组织绩效三者之间的联络关系，使三者间的影响功效一目了然，为实证研究提供理论来源；同时，建立创新生态系统角度下的企业创新能力对组织绩效造成影响的关系模型，并通过定量分析法研究创新能力在企业业绩考核和长久发展中的中介影响作用。在中国企业具体发展情况下，融合世界各国有关科研成果，为安徽企业寻找适合本身特性的创新方式、提高自己的创新工作能力、提高经营业绩给予准确的理论来源。

1.3　研究意义

1.3.1　研究的总体意义

在经济全球化的今天，伴随着经济的日益发展和兴盛，创新已然成为关键的发展力量。企业若要在激烈的市场竞争中立于不败之地，就需要进行创新，通过创新打造核心竞争力，同时经济全球化的发展趋势也向企业传达出一个信号：任何企业都不是孤立的个体，企业之间需要交流与合作。创新生态系统就是一个强调将企业视为一个共同体、通过与系统内外的交流与合作去开展企业创新活动的网络体系，企业能否有效地利用创新生态系统来提升组织创新绩效攸关企业的生存与发展。研究创新生态系统视角下企业创新绩效和创新效率的提升策略是一个有价值的话题。

1.3.2　研究的理论意义

本书以创新生态系统为视角，在这个整体背景下探究企业创新绩效和创新效率的提升策略，主要从创新生态系统的创新网络方面探讨企业的创新活动，比如选取了协同创新网络的开放性特征、网络强度、机会识别能力差异等角度，研究其对于企业价格和产量博弈均衡的影响，探究协同创新网络对企业创新绩效和效率的影响机理。本书还研究了创新生态系统下的主要因素对企业的创新绩效和创新效率的影响，并提出了相应策略。具体地，本书研究的理论意义主要有以下三方面：

1.3.2.1　研究协同创新网络特征对企业价格和产量均衡的影响机理

本书从协同创新网络的特征这一角度，分别探讨了协同创新网络特征对企业的价格稳定和产量稳定的影响机理，进而使得企业创新绩效和创新效率最大化，进一步丰富了协同创新网络与创新绩效和创新效率的关系理论。

1.3.2.2　引入机会识别能力研究企业价格决策机制

本书在创新生态系统视角下，将企业的机会识别能力作为企业创新绩效的重要影响因素，探究不同的机会识别水平对企业产品价格策略选择的影响，使价格决策相关的理论研究更加丰富，也扩大了博弈论的运用范畴。

1.3.2.3　从创新生态系统整体视角研究创新效率影响因素

在创新效率影响因素的研究方面，已有的研究成果大多是从创新生态系统的某一要素出发，而本书从创新生态系统的整体维度的角度去研究创新生态系统对创新效率的作用机理，并从资源投入、产出和效率转化等层面分析企业创新效率提升存在的问题，为创新生态系统下选择企业创新效率的提升策略提供合理的理论依据。

1.3.3　研究的实践意义

本书以创新生态系统为视角，探究企业创新绩效和创新效率的提升策略，主要从创新生态系统的创新网络方面研究企业的创新活动，比如本书选取了协同创新网络的开放性特征、网络强度、机会识别能力等角度，并且引入了价格调整速度和机会识别能力等系数，研究它们对于企业价格和产量博弈均衡的影响，从而找到了可以实现系统整体绩效和企业绩效最大化的企业价格和产量决策策略。此外，本书研究创新生态系统下的主要因素对企业的创新绩效和创新效率的影响，并提出了相应策略。具体地，本书的研究主要有以下五个方面的实践意义：

1.3.3.1　维持创新生态系统的平稳和健康运转

顺应当今时代国内外企业发展的大潮流，本书从创新生态系统的视角，在研究中从协同创新网络的角度，研究协同创新网络的特征、基础要素和重要特性对企业产品价格和产量的作用机理，价格和产量策略是企业的重要决策内容，与企业的创新绩效紧密相关，这一探究一方面能够帮助企业更有选择性地、科学合理地参与到协同创新网络中，为企业的生产经营活动提供参考依据，另一方面可以帮助企业更好地顺应市场的发展潮流，更好地维持创新生态系统的平稳和健康运转，实现系统内外的互利共赢。

1.3.3.2　帮助企业制定价格策略

在实践方面，本书从企业机会识别能力的角度出发，探究了企业间不同的机会识别水平对企业价格策略的影响，这一研究与企业的实际情况更加贴切，能够为集群企业的产品价格选择提供合理的参考，对企业的策略制定有较强的实用性。企业的机会识别能力是创新能力的源泉，机会识别能力越强则创新能力越强，企业能够获得更优的产品，从而获得更丰厚的利润。实际上，企业的机会识别能力相差甚多，本书研究的是当企业机会识别能力不同时，企业的机会识别能力对产品价格决策的影响。鉴于上述情况，本书中机会识别的研究不仅在理论上丰富了机会识别的研究成果，也在实践中为企业集群提供合理的价格选择策略，为产业集群内企业的价格决策提供理论依据，使研发资源得到合理高效的配置，提高企业的机会识别能力。企业机会识别能力的提升，有利于提升集群企业的创新，进而增强企业集群的关键竞争力，乃至提升整个国家集群企业的综合能力，进而使我国企业在国际上的竞争能力得到提高，使我国产业的整体技术竞争力和实力得到增强。

1.3.3.3 针对安徽省创新发展提出了具体建议

除此之外，本书在参考前面研究成果的基础上，从创新生态系统视角维度，结合安徽省企业的创新绩效和创新效率情况展开了研究。本书以实际数据为背景，通过对实际数据的仿真模拟，较为准确、客观地刻画出安徽省企业的经营状况，探索创新生态系统对企业创新的影响。通过比较资源投入和成果产出的比率，实证研究当前企业创新效率，以便企业了解创新症结，为其提供合理的创新思路。本书探索企业创新效率提升的对策，丰富创新生态系统理论，为当前安徽省企业创新绩效和创新效率的提升提出了针对性的对策建议。

1.3.3.4 维持集群市场的价格稳定

协同创新网络是包含企业在内的网络机制，因此研究协同创新网络的特征有利于企业顺应时代潮流、抓住发展机遇。集群市场是由生产、产品、业务或服务有联系的企业聚集形成，相互之间的价格会影响到整个行业的稳定及收益，找到集群市场企业之间的均衡价格有利于实现互利共赢。传统的对协同创新网络的研究多数是定性研究，本书利用博弈论研究方法，在以往的研究上，建立数学模型，通过数据模拟，得出协同创新网络特征对集群市场价格稳定性的作用机制，以集群双寡头的价格博弈分析为例，让集群市场中企业的管理者明白两者之间的关系，在市场经营中把握住协同创新网络的特征，从而为价格稳定策略的制定奠定基础。

1.3.3.5 实现产量系统均衡，推动企业发展

在微观层面，本书研究结果能帮助集群企业更有选择性地、科学合理地参与协同创新网络，为企业的生产经营活动提供参考，实现产量系统均衡，有利于推动企业发展。从宏观方面来看，产业集群已经成为现代空间区域经济的发展走向，研究企业集群市场产量博弈的均衡状态，有利于更好地帮助产业集群发挥其独特优势，推动区域经济的持续健康发展。

1.4 研究内容

创新生态系统是近些年经济与管理领域学者研究的焦点问题，尤其是围绕创新生态系统探讨各种因素对企业绩效影响的研究越来越普遍。本书在参照已有研究成果的基础上，以创新生态系统为视角和背景，以企业的经营活动为对象，探究创新生态系统的主要因素对企业产量确定、价格稳定等经营活动的影响机理，从而刻画其对企业创新产生的影响，并采用实证研究方法深入分析其影响关系，最终提出提升企业创新绩效和效率的对策。具体内容如下：

第1章主要是关于研究的前言以及本书研究的简要概述。在前言部分主要介绍本研究的时代背景以及本书编著的主要目的和不足。本书研究概述主要介绍相关研究背景、意义、目的、方法、思路、创新点等。

第2章主要介绍了本书的相关概念、相关研究现状及相关理论。具体地，介绍了创新生态系统的概念、发展历程及以往研究现状等，并且还梳理了企业创新绩效及创新效率的内涵，介绍了国内外关于企业创新绩效和创新效率的相关研究状况。

第3章、第4章是本书的主干部分。主要是围绕创新生态系统展开对企业创新绩效的研究。在第3章主要运用博弈模型去刻画创新生态系

统视角下不同因素对企业创新绩效的影响状况，分别从创新网络的开放性特征与企业价格策略的关系、创新网络的强度特征与企业产量策略的关系以及创新生态系统内企业对机会的把握能力与企业价格均衡稳定的关系这三个方面出发，建立并分析关系模型。第4章主要采用实证方法，从创新生态系统的基础要素和重要特性的角度出发，探究它们与企业创新绩效的相关关系，并在此基础上结合安徽省部分企业的发展现状，展开对安徽省企业创新绩效的实证研究。

第5章是关于企业创新效率的实证研究。主要介绍当下企业创新存在的主要问题，围绕系统主体、创新要素和系统环境与企业创新效率的相关关系展开研究，并进一步延伸到对安徽省企业创新效率的研究。

第6章的主要内容是在前面研究的基础上，对创新生态系统下的企业创新绩效和创新效率的提升，从不同的角度提出针对性的建议。

1.5 研究方法

本书结合研究主题，采用了多种研究方法去论证、分析、描述，以确保研究工作的严谨性、研究内容的准确性和研究结果的可信性和实用性。主要采用的研究方法有：

1.5.1 描述分析法

描述分析法主要运用于文献综述和假设结果分析部分。本书用描述分析法对参考文献的内容进行简单的介绍和梳理，描述了国内外关于创新生态系统、企业创新绩效和效率的相关成果及相关理论。在实证研究部分，主要围绕创新生态系统的各组要素与创新绩效及创新效率的相关关系展开描述，进而对相关研究结果进行分析。

1.5.2 文献分析法

文献分析法广泛应用于本书的相关研究。本书通过对国内外相关文献的梳理及分析，利用网络工具和电子数据库，梳理并分析了现有的关于创新生态系统、创新绩效和创新效率的研究成果，厘清相关博弈论理论和模型，为本书研究提供一定的理论和方法指导。

1.5.3 博弈模型分析法

本书的第 3 章主要采用博弈模型的方法去分析和论证研究主题，通过借鉴已有研究成果所用到的博弈方法，结合本研究主题的需要，建立起创新生态系统下各种因素关于企业创新绩效和创新效率的博弈模型，采用了伯特兰德（Bertand）模型构建关于创新网络的开放性特征与企业创新绩效的关系式，使研究结果更加精确。

1.5.4 统计分析法

主要在本书的第 4~5 章，采用实证方法分析创新生态系统的相关因素与创新绩效和创新效率的相关关系，用相关分析和回归统计分析方法测验变量、验证研究假设的结果。通过采集样本和收集数据，选取 SPSS 20.0 作为分析所用的工具，并对调查数据进行统计分析。

1.5.5 定性分析和定量研究相结合

本书在研究过程中采用博弈模型分析和实证分析相结合的方法，定性结合定量，在定性分析厘清成果的基础上开展定量研究，围绕特征变量建立博弈模型，增加了研究内容的准确性和说服力。

1.6 技 术 路 线

本书研究的具体路线框架如图 1-1 所示：

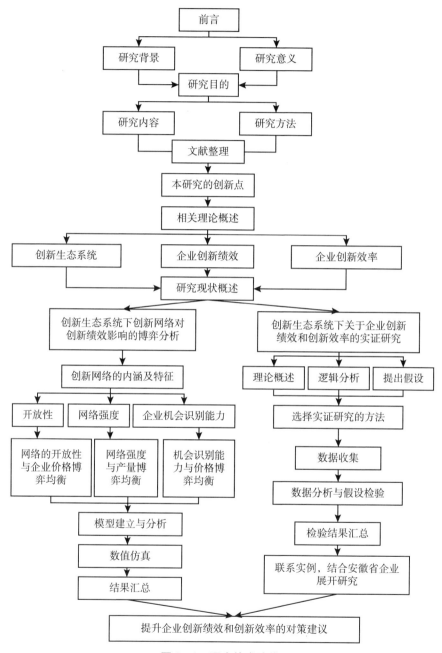

图 1 - 1　研究技术路线

1.7　创 新 之 处

创新生态系统的关键词是创新，最终目的都集中在创新绩效和创新效率上。通过整理国内外研究成果发现，现有的关于创新生态系统的研究主要以定性研究方法为主，定量研究方法运用的比较少。本书跳出以往关于创新生态系统研究的局限，采取定量研究方法，围绕创新生态系统的相关知识和理论，对企业的重要策略展开研究，如价格和产量均衡稳定，以形成关于创新绩效和创新效率的最终研究结果。并且，本书利用博弈模型并收集具体的数据作为研究支撑，使研究结果更加准确、具有说服力，这增加了研究的实用性，而且还提供了新的研究思路和方法。具体地，本书的研究主要有如下创新之处：

1.7.1　研究协同创新网络的特征对集群市场的价格稳定性的影响

在学者以往对价格的研究中都会考虑到外部环境的影响，但是没有具化到协同创新网络这一具体领域中，协同创新网络的研究重点多在于如何提高创新绩效，两者之间没有建立起直接联系。我们通过梳理以往文献资料得出，协同创新网络的特征会影响企业的创新绩效和价格调整速度，创新绩效和价格调整速度又会影响集群市场价格的稳定性，我们提出协同创新网络的特征会对集群市场的价格稳定性产生影响的假设。因此，本书以集群市场的价格为研究对象，以协同创新网络的特征为研究背景和条件，研究协同创新网络特征对集群市场价格稳定性的影响。通过对以往文献的研究整理，本书将创新生态系统聚焦到协同创新网络，并明确了其网络同质性、网络强度、网络规模、网络稳定性及网络开放性五个特征维度，并从该五维度出发研究其对企业的价格调整速度和创新绩效的影响，价格调整速度和创新绩效则会对价格稳定性产生影响。因此，本书建立协同创新网络特征对集群市场价格稳定性的影响联系，在假设企业分别选择 Navie 和 GD 策略的情况下建立价格动态博弈模型，选取开放性维度作为代表特征对集群市场中双寡头企业价格博弈影响进行博弈分析，以集群市场中双寡头企业的价格博弈来体现市场价格稳定性的变化。现有的对协同创新网络研究的关键词是创新，最终目的都回归到提高创新绩效上来，选用定性研究的方法较多，缺乏定量研究和具体数据支持。本书跳出以往对创新绩效研究的重点，创新性地将目光放在对集群市场价格稳定性的影响上，并且运用博弈分析的方法，利用数据模型来增加研究内容的准确性、说服力，不仅丰富了协同创新网络特征的相关理论，而且提供了新的研究思路和方法。本书得出的相应的研究结论也能够为集群管理者和政策制定者共同维护集群市场价格稳定提供理论参考和借鉴。

1.7.2 研究协同创新网络特征对企业集群市场产量博弈的影响

在现有的研究成果中，关于协同创新网络和产量博弈这两大领域的结论内容丰富，但多为分类，或者是各个领域与其他因素相互影响的研究，关于协同创新网络特征和企业集群市场产量博弈的研究则较少涉及，并且无法体现协同创新网络特征对企业集群市场产量博弈的影响，这一方面的理论知识略有缺失。本书通过博弈论建立古诺模型进行分析，研究某一协同创新网络特征在产量博弈中对集群企业产生的影响，试图找到均衡点，并分析特征因素变化对均衡点稳定性的影响，通过数值模拟验证结论准确性。研究结果不仅可以充实现有的关于协同创新网络与集群市场产量博弈关系的理论，探索清楚在协同创新网络特征的影响下，集群企业市场的动态产量博弈过程，而且研究结论可以引导企业更加科学合理地、有选择性地参与协同创新，为集群企业的生产经营活动提供参考，使其在产量博弈过程中取得最优结果，在企业集群市场竞争中取得优势。

1.7.3 研究企业机会识别对价格博弈均衡的影响

随着经济社会的高速推进，我国经济已进入以创新为主导的新时代。我国企业机会识别能力不足、自主研发企业较少、自主创新能力较弱，严重阻碍我国经济的发展，而自主创新的关键在于企业集群机会识别能力的强弱。机会识别能力越来越成为企业关注的重点，成为企业赢得竞争优势的关键。因此，企业在机会面前能够快速高效识别，并对机会进行快速合理评估，成为企业创新的关键。本书以当下机会识别能力对企业、国家的重要性为出发点，梳理了价格博弈均衡、双寡头集群的相关理论，运用静态博弈理论建立数学模型，分析企业在机会识别过程中形成"囚徒困境"的原因以及建立价格决策机制的必要性。并且基于现实中决策者博弈的重复性，建立动态演化博弈模型，分析企业间的机会识别过程中的相关因素对价格决策的影响，从而有针对性地提出一套企业间价格决策机制，以维持机会识别能力不同的企业间的运营平衡，减少资源浪费，合理利用资源，从而使企业、行业的机会识别水平得以提升，进而提升企业和国家在激烈的全球竞争中的核心竞争力。

1.7.4　从创新生态系统视角研究安徽省创新绩效提升的对策

　　创新生态系统作为一种新兴理论，结合、借鉴了生态学相关理论与传统创新相关理论，它拥有新理念和新元素的独特视角，给创新网络关系的发展提供了新的途径，在企业的生存与发展过程中起着极为重要的作用。本书将从理论和实践两个层面阐述创新生态系统对安徽省企业创新能力评价的研究意义。因此，为了适应新世纪企业的生存及为其未来的发展奠定基础，本书研究了创新能力对绩效的影响。

第 2 章　相关理论及研究现状

2.1　创新生态系统相关理论及研究现状

2.1.1　创新生态系统的概念

在全球范围内，新信息革命和产业链转型进入"变革区"。前沿科学研究、颠覆性创新、技术性创新逐渐涌现。重点国家和地区积极开展高质量自主创新生态系统，以确保未来产业链的核心技术首先在该国当地进行应用。中国科技发展趋势逐渐进入"无人区"。在大力实施创新驱动发展战略、加快提升我国自主创新管理体系效率的全过程中，进一步完善自主创新生态系统迫在眉睫。自主创新生态系统作为自主创新方法，是继自主创新线性方法 1.0 和自主创新系统方法 2.0 之后的自主创新 3.0，首先在企业的竞争与合作中被观察到。

自主创新生态系统定义的前身可以追溯到弗里曼（Freeman，1995）明确提出的国家自主创新系统。它是由公共行政部门和个人单位共同创建的一个具有独特联系的网络，共同推动国家范围内的技术创造、改进和传播，致力于在建立新型自主创新联系的基础上促进国家经济发展。众所周知，不同地区的社会、文化、经济等因素存在差异，国家自主创新系统不能充分发挥预计的实际效果。库克（Cooke，2016）以某一区域为系统边界，明确提出区域自主创新系统。同时，也有专家学者摆脱了自然地理的界限，明确提出了以生产要素为界限的产业链自主创新系统和技术系统的定义。但是，上述定义都侧重于企业、高校、科研院所等自主创新主体之间的相互依存，而忽略了社会习俗、经济等无机环境的影响。

创新生态系统是自然环境生态系统的改革创新。它是将生物学相关基础理论和自主创新相关管理方法基础知识紧密结合的全新升级的自主创新网络。自主创新生态系统的关键目标是拥有一个相互依存的经济发展共同体，将新思想与其中的各种因素融为一体，为日益复杂的自主创新相关网络系统基础设施提供全新升级的解决方案。这些方法也为传统的企业技术创新和技术研究工作赋予了全新的升级视角。其他专家学者也对自主创新生态系统发表了看法。他们认为，自主创新生态系统是指处于一个区间的各种自主创新生态系统的中间部分和自主创新的自然环境。根据化学物质流、动能流、信息流的连接和传递，产生了一个对外开放、相互依存、竞争合作、动态演化的复杂系统。时至今日，自主创新生态系统早已遍布各个领域。

创新生态系统的定义起源于英国政府部门在尼克松台上的演讲，用来表达美国动态、多元化、协同的自主创新自然环境。阿德纳（Adner）首先开始在学术界定义自主创新生态系统：重点企业和上、中、下游企业根据自身优势和资源重新布局，满足客户需求。卡拉扬尼斯和坎贝尔（Carayannis and Campbell，2009）此前明确提出了"三螺旋"和"四螺旋"结构，最终改进为"五螺旋"结构——大学、产业链、政府部门、公民社会和地理环境。自主创新生态系统的"绿色生态"体现在有机化学学科之间的相互依存关系。有专家学者还对比了自主创新生态系统的"今生与前世"，明确了自主创新系统与自主创新绿色生态系统在概念和内容上的重叠，明确提出了自主创新。创新生态系统的加入具有动态性和共性的特点。关于创新生态系统的定义，本书通过梳理国内外文献，对其做了如下不完全整理：

2.1.1.1　国外关于创新生态系统的定义

关于创新生态系统的定义，国外有以下界定：自主创新生态系统指的是新的区域产业集群已经产生了自主创新的"栖息地"，产生了相互依存、演化的自主创新绿色生态管理体系（Steiger，Hankek and Rowan，

2002）；创新生态系统的优胜劣汰完成了产业链可持续发展的理念，通过共生演化完成了自身的发展，从市场竞争中获得生存和发展的经验。企业之间是不同主体间的合作，而不是市场竞争中的对立面的关系（Fukuda and Watanabe，2007）；自主创新生态系统是一个相互依存的经济发展共同体，也是一个基于长期信任关系的松散但互联的互联网（Zahra S. A. et al.，2012）；自主创新生态系统是一个协同集成系统，将各个公司在系统中的创新成果整合成一套协调的、面向客户的解决方案；自主创新生态系统是一种在生态环境中相互交流与融合的长期或临时性系统，在这个生态环境中，存在着各种自主创新的主体，主体之间可以在相互交流和融合中相互传授观念，促进改革创新；自主创新生态系统是由跨越制度、政治、经济发展、自然环境和技术的各种子系统组成的系统，各子系统相互沟通，形成自主创新的良好氛围，促进业务的稳定增长。自主创新生态系统是由各种联系形成的互联网，它通过应用系统中信息和优秀人才的流动，完成持续共创。

　　按照国外的定义，自主创新生态系统是具有完善的协同自主创新自适应管理体系的生态系统。其中的自主创新主体将根据各自的异质性与其他自主创新主体共同发展，通过科技成果的转化完成了价值的创造，产生了创新主体之间相互依存、相互依存的演进。

2.1.1.2　国内关于创新生态系统的定义

　　关于创新生态系统，中国有以下定义：创新生态系统是由世界各地的新技术产生并具有一定的专利审批标准和标准化的协作和产品研发；创新生态系统是一种紧密围绕技术创新和技术商业化的机构之间的普遍交流；创新生态系统是由重点机构和不同层次的其他相关机构基于相同的自主创新总体目标而创建的互联网组织结构。重点机构往往与相关机构贯穿自主创新的全过程，沟通专业知识或信息等资源，演化发展出一种新的专业化、数字化的组织方式。

　　根据中国的定义，创新生态系统是一个复杂的网络结构，它是一个以企业为主体，以高校、科研院所、政府部门、金融行业等中介组织为媒介的系统，高度整合人力资源、技术、信息、资产等自主创新要素，完成自主创新要素的合理聚合，为网络中每个主体创造价值，促进每个主体的可持续发展。

2.1.1.3　本书中关于创新生态系统的定义

综合国内外关于创新生态系统的定义，本书将其界定为：创新生态系统是在一定的空间内，由多个主体的技术创新以及进行技术创新的复合环境间的互相作用而形成的一个非静态的繁杂系统。在发展的过程中，逐渐形成了以企业创新主体与创新活动环境为基本成分的"二分法"。在进一步完善的基础上，遵循研究的需求，一些学者逐渐创建了以创新主体、创新资源以及创新环境为系统基本成分的方法，该方法获得了普遍的支持。

关于"二分法"，是将创新生态系统的基础要素分为具有生命体征的创新主体与无生命体征的创新工作环境两大类。这时，我们要注意这里是广义的创新环境，涵盖了除创新主体以外的全部要素（创新资源也在其中）。然而，这种方法并不完善，它无法完全细致地显示在企业的创新活动中创新资源是如何运作的，实际上，创新环境与创新资源取得企业创新绩效的作用和效果的方式是不同的。所以，本书选用学术界普遍接受的"三分法"，可以划分为：创新主体、创新资源、创新环境。

其中，创新主体是系统中参与创新研发活动的具有生命体征的组织；而创新资源是指系统中的财力、物力、人力资源等；将创新环境界定为文化环境、市场环境以及政府的政策环境，相较于创新资源有非常大的不同。他们之间并无交叉和互补，并组成创新生态系统的基础要素。所以，本书从三个维度（创新主体、创新资源以及创新环境）进行研究。

2.1.2　创新生态系统要素

整理世界各国专家学者的有关科学研究，本书明确提出创新生态系统组成因素包含 4 部分：（1）创新生态系统主体性因素，包含企业、高等院校、科研院所、科技创新优秀人才；（2）创新生态系统辅助创新因素，主要包含商业运营部门；（3）创新生态系统服务型因素，主要包含市场监管部门；（4）创新生态系统环境因素。

2.1.2.1　主体性因素

创新生态系统本身所在的对外开放无边界环境决定了企业在面对巨大的市场竞争风险性、创新风险、技术性的飞速发展及商品生命周期的缩短时，企业迫不得已加速创新的速率，企业必须源源不断地获取创新资源和提升创新能力来完成创新。当企业靠自己的产品研发能力不能达到创新的预期时，在高度重视独立自主创新的同时，就需要运用外界创新专业知识的经营者——高等院校、科研院所、新科技创新优秀人才等。因而他们是创新生态系统主体创新因素，具有至关重要的作用，为系统提供了最关键的创新源动力。

企业作为技术性创新的执行主体，在创新生态系统中处在关键部位。企业既包含供货企业、合作企业，也包含有关企业，企业与其他主体均具备直接或间接性联系，而其他主体对企业的作用则可当成是创新能力的反映。

高校和科研单位作为原始创新的主体，是创新生态系统人才流、技术控的原动力。高校能参与新专业知识和新技术应用的创造、产品研发、散播、运用，突显极强的"规模效应"。高校能为创新生态系统提供创新来源，其能被当作是专业知识、技术、优秀人才的关键供应者。高校既能向人力资源市场提供优秀人才，借助人力资源市场、工程项目管理中心、技术性销售市场对企业产生危害，也可以向技术性销售市场提供科研成果而得到收益。高校也可以直接与企业联络。科研单位与高校相近，能够被视作前沿科技、基础研究的主力军。科研单位与工程项目管理中心开展充分协作，从而将科研成果提供给技术性销售市场以获得收益，科研单位也可与企业直接联络，乃至可创立企业。显而易见，高校和科研单位均能推动企业发展，又可从企业得到收益，从而推动自身迅速发展。

2.1.2.2　辅助创新因素

商业运营群落主要包含经销商、生产制造企业、代理商、客户、竞争者。在商品生产制造和销售阶段，各企业通过产品研发设计产品，开展商品生产制造，服务项目于市场定位。商业运营群落连接顾客价值的上游和中下游，作为使用价值转换最重要的一步，担任推动创新生态系统使用价值运转的重要职责。而终端用户产生的需求经常表现为企业创新的驱动力，其既能往金融企业中投入资金，并从这当中得到收益，又可对企业发展造成很大影响。

2.1.2.3　服务型因素

政府部门管理单位、各种社会化的中介机构组织是创新生态系统的服务型因素。

政府部门管理单位既是系统标准的实施者，亦是维护者，政府部门作为规章制度创新的主体，在宏观经济层面可合理充分发挥宏观经济政策、政策法规监管、政策引导、财政支持、服务等作用，提供优质的现行政策环境、资源环境、法律法规环境，对创新生态系统中的创新活动开展帮扶与促进，能够通过制订创新的相关法案、政策法规和相配套的技术性政策，填补市场的缺点，为企业提供有利于创新的政策支持环境。比如，政府部门对创新型行业的高度重视将引导市场投资发展的方向，对处于创新最前沿的企业给予资金和税收等层面的支持和特惠，刺激产品研发、生产制造和运用，而创新生态系统中的其他创新主体和创新活动均受政府政策影响。

中介机构组织作为系统连接点，充分发挥着关键的黏合功效，有益于推动企业产品研发生态链的产生和发展，并填补薄弱点。企业与政府部门、中介机构组织的紧密配合，有益于获得市场信息资源、现代信息技术、资金等。中介机构作为创新服务项目主体，能为创新主体提供很多社会性、系统化的技术性服务咨询，具有显著的沟通交流与融合功效，特别是促进创新专业知识散播、技术扩散及高新科技科技成果转化。管理中心、孵化管理中心等中介机构组织能推动企业发展，也可以从中获利。

2.1.2.4　环境因素

创新生态系统的环境因素可以为企业以及其他系统主体提供资源，主要包含系统经济发展环境、系统现行政策环境、系统社会文化环境、系统自然环境。外界环境为创新生态系统提供保持系统生命力所必需的营养物质，与此同时风险性也包括在其中。

2.1.3　创新生态系统的层次

2.1.3.1　企业创新生态系统

企业技术创新生态系统的良好运作，有利于推动企业资源整合和快速发展趋势。陆宇辉（2011）将企业技术创新生态系统与自然生态系统进行比较，认为企业生态系统是一个动态的系统，可以根据自身因素调节资源并在自主创新生态系统中发挥一定作用。蒋世美等（2015）强调整个生态系统的中心是一些核心企业，这位学者从不同角度梳理了企业技术创新生态系统的定义。重点企业根据自身的综合实力，为创新生态系统内部提供各种服务平台和资源，使企业的生态系统有序运行。

2.1.3.2　产业创新生态系统

在产业链方面，不少专家学者以产业链自主创新为科研重点，研究产业链自主创新的对策和方法以及危害产业链自主创新的因素。吴金希（2014）分析了诺基亚衰落的原因，认为自主创新生态系统是一个基于技术、优秀人才、文化艺术等多方面因素而相互依存、共创、共赢的系统。王娜和王毅（2013）进一步强调，产业链生态系统由产业链、人才和环境因素组成。他们认为，系统内部各个因素的健全性和一致性，对整个产业链生态系统的绩效是最有利的。

2.1.3.3　区域创新生态系统

就区域而言，自主创新生态系统的关键是特定区域和不同地理环境的组织体系。王凯和邹晓东（2016）强调完善区域法规和自然环境，提升校企协同网络建设能力，有利于产学研互动、学习交流和专业知识流动，从而完善区域自主创新生态系统。刘雪芹和张贵（2015）根据京津冀一体化产业链和自主创新生态系统的发展趋势和要求，明确提出了京津冀一体化三个领域的自主创新途径，强调科研领域自主创新的必要性。现行政策协调自然环境，转化科技成果，学习环境构建，完成高新技术、优秀人才、产业链、金融业等管理机制的自主创新，最终实现由科学研究、开发设计和应用组成的自主创新生态系统。在区域自主创新生态系统的长期发展中，城乡之间逐渐形成了相互适应、相互影响的体系。它具有三个显著特点：（1）自主创新主体为各高等院校、科研院所和企业；（2）构成要素包括自主创新主体、服务机构和外部自主创新环境；（3）各因素之间的协调和调整以及环境和系统自主创新的催化作用，使得区域自主创新生态系统成为一个复杂而持续的过程。

2.1.3.4　国家创新生态系统

从我国自主创新和绿色生态的发展趋势来看，要充分发挥政府部门在这方面的作用，推动体制机制创新，进而推动我国经济向好。柳卸林等（2015）强调，我国产业发展规划与科技发展不协调，产业发展步伐滞后于科技发展步伐。他认为要培育具有竞争力的自主创新生态系统，提高高新技术管理水平，进一步促进我国高新技术和产业链自主创新工作能力的提高。陈向东和刘志春（2014）从科技园区的角度考虑，运用生物学的见解和方法，评价自主创新指标体系，认为人才引进、资产利用率、信息利用率有利于提高科技园区自主创新生态系统的水平。中国专家学者多从生物学角度分析我国自主创新生态系统的科学研究。国家的创新生态系统分为系统生态和个体生态，一是要更好地推进自主创新主体和自主创新环境的基础建设，二是要对绿色生态精确定位。

2.1.4　创新生态系统的特征

2.1.4.1　多样性

系统的多样性是指构成系统的各种因素的多样化和相互影响的不可预测性。自主创新生态系统是一个极其复杂的系统，与某个空间相连，与各种因素相互作用，是一种类似互联网的高维空间结构（杨荣，2014）。它由多个因素组成，包括企业、大学、科研机构、职业技能培训机构、政府部门、公共组织结构、金融企业、中介组织和其他自主创新主体。此外，还包括基础设施建设、规章制度、现行政策激励、文化等自主创新的环境因素。这种因素不仅属于不同领域、不同行业，而且每个因素都有自己的总体目标，导致系统表现出异常的多样性。系统的多样性虽然不能被所有人认同，但大家可以继续增加对它的了解。

2.1.4.2　稳定性

系统的稳定性是指系统的抵抗力和延展性。阻力是指系统受到影响后发生变化的大小。一个变化大的系统被称为阻力小的系统；变化小的系统称为阻力大的系统。可扩展性是指系统在受到影响后能够修复原有功能，并在相对稳定的情况下保持或修复其结构和功能的能力。自主创新生态系统可靠性的关键取决于创新生态系统的适应性和自我调节功能。适应性和自我调节功能主要来源于生态系统三个要素：抵抗力、恢复力和功能冗余。其中，抵抗力是抵御外界影响的能力；恢复能力是生态系统被破坏后恢复原状的能力；功能冗余作用是指具备以上因素能完成相同任务的能力。另外，市场竞争和信息反馈也成为维持生态系统可靠性的关键要素。当自主创新生态系统处于稳定状态时，表现出系统的稳定性。创新生态系统的可靠性与其多样性有什么关系？从生物学的角度来看，关键的基础理论见解是：对于人口较多的生态系统，为了使生态系统更加稳定，减少人口之间的联系更有利于生态系统稳定；对于种群之间的联系，则种群越少越有利于生态系统稳定。就区域技术创新生态系统而言，对于生产经营与创新活动联系较少的系统，保持更多系统的自主创新主体更有利于创新生态系统稳定。

2.1.4.3　开放性

在一定的空间范畴内，生态系统必须持续与外部开展物质、动能与信息的沟通交流，为此保持系统的生命力，这说明系统应该是对外开放的。生态系统的开放式也体现在熵（entropy）的互换上，即系统持续摄入动能，并将新陈代谢全过程中所造成的熵排至环境中。同样，创新生态系统也是对外开放的。由于它自身处于高新科技、经济发展和社会发展等要素组成的大系统当中，展现出耗散性结构的特点，在科学技术研究、开发设计的每一个阶段上都和外部产生着普遍的联系，并持续与周边环境开展着动能、物质与信息的互换。

2.1.4.4　整体性

创新生态系统并不是系统要素的简易求和，而是各要素根据离散系统相互影响组成的有机统一体，其存在的方式、目标、作用都主要表现出统一的整体性。这说明各要素以一定的规律构成系统时，这一系统已具备其组成要素自身所没有的新质（emergent properties），其总体作用也并不等于所构成要素各自的单独作用的总数，而是超过单独作用的总数，达到"1＋1＞2"的效用。也就是说，全面性便是创新生态系统要素与构成的综合性反映。整体性主要表现在下列多个层面。第一，在各要素互相联系、互相牵制、相互影响下，创新生态系统所具备的总体特性、作用与运动规律，早已有别于各要素在单独情况下所具备的特性、作用与运动规律，而是具备了新的特性、新的作用与总体运动规律。如区域技术创新生态系统的创新主体行为是区域内技术创新行为主体、有关行为主体、复合型创新环境等要素的综合性主体行为，但这类综合性主体行为对区域高新科技城市经济发展以及与环境的共享发展的作用，显而易见是某一技术创新行为主体（某些公司的技术创新）所不可比较的。第二，创新生态系统的要素是系统整体性的基本，系统假如忽略其中的一些关键要素，或是关键要素存在的问题，那么系统的整体性就无法充分发挥，这是由于，各要素的特性和主体行为对系统整体性的危害主要是在其相互影响全过程中所表现出的，而忽略一些关键条件，"相互影响"的特性便会产生变化。如技术创新行为主体处在一种不完善的情况下——欠缺创新驱动力，则全部区域技术创新生态系统就不太可能具备创新能力。

2.1.4.5　交互性

创新生态系统是一个由经济、政治、社会、机构、制度以及其他要素交互而成的网络，网络中存有着许多行政和个体单位的相关者，他们相互依赖、相互依存，这表明公司的创新活动并不是独立开展的，必须与其他组织互助合作。公司的创新销售绩效通常并不是只靠某一公司能够达成的，而是要与一系列伙伴企业的多样性合作，才可以打造一个真真正正为消费者创造财富的商品。一个优质的创新项目，要是没有别的公司配套设施和专业知识的应用，创新活动便会被延误，以至于核心竞争力缺失。

2.1.4.6　动态性

动态性就是指创新生态系统是持续发展变化的。创新生态系统与生态系统一样，它的总体演变一般历经三个阶段，即原始期、发展期和健全期，每一时期都表现出独特的历史特性；全过程不但是一个由低等向高级、不成熟向完善的衔接全过程，也是技术创新复合型机构和技术创新复合型环境相互影响、互相融入的全过程。创新生态系统是历经长期发展产生的，它具备自身的周期性（如技术创新的 A－U 模型），这类周期性为掌握未来给予了关键的科学论证。

因为生态系统具备生物体的一系列微生物特点，比如，生长发育、新陈代谢、繁育、发展和老化等，所以一个生态系统一直处在持续发展、演变和演化当中。创新生态系统与生态系统一样，其构造也展现出动态性，反映在：创新生态系统内的各要素相互依存、共生、协作演变和相互融入。其中，相互依存置入到各要素的演化博弈当中；协作演变表明系统内各要素的协作关系持续、敏捷地对内外部的能量转换作出反应，以推动系统的和谐发展；而相互融入则是协作演变的结果。创新生态系统的动态能够竖向分成 3 层：个体发展动态、成员互动动态、系统提升动态。个体发展动态即公司个人根据资源累积、技术研发完成竞争优势的提升。而互动动态主要表现为 2 个或几个系统组员参加的各种各样协作活动，也包含合作关系的创建、舍弃与再创建全过程。在这全过程中，创新生态系统内慢慢累积了大量基础信息、专业知识与技术，组员间关联更为密切，与此同时大量其他企业作为新组员加入系统中，系统总体趋于多层次的动态性发展特点。

2.1.4.7　调控性

创新生态系统在长期的发展变化中，慢慢产生了互相融合、自动调控系统的体制：第一是技术创新复合型机构变化，具体表现为各种各样创新行为主体的总数管控、占比管控，如技术创新行为主体的总数在市场竞争规律性的作用下所产生的转变，又如技术创新行为主体与有关行为主体间的占比关系，通常伴随着社会发展、高新科技、经济发展的转变而转变。这一规律在区域室内空间和资源一定的状况下是普遍现象。第二是同一产业链上、中、下游技术创新行为主体中的总数管控，这通常与该产业链的技术创新和发展规律相关。

2.1.4.8　层次性

生态系统是一个包括一定地域和范畴的空间环境，同样，创新生态系统也是一个与特殊区域有关的名词，它能够从不一样的角度展开描述。角度可以是宏观经济的，例如，全球创新生态系统（global innovation ecosystem）、国家创新生态系统（national innovation ecosystem）；还可以是微观的，例如，区域创新生态系统（regional innovation ecosystem）、产业创新生态系统（industry innovation ecosystem）；乃至是外部经济的，例如，企业创新生态系统（enterprise innovation ecosystem）。

层次性特点能够从组成要素视角剖析，还可以从个体行为要素视角剖析。从组成要素视角剖析，技术创新复合型机构是由基础要素——技术创新行为主体和有关行为主体构成，而技术创新复合型机构自身也是更高系统——创新生态系统的构成要素。从个体行为要素视角剖析，公司的技术创新个体行为是由更基础的创新个体行为所构成，而公司的创新个人行为自身也是更高系统——产业链内技术创新个体行为的构成要素，这就是创新生态系统的层次性。

层次性的特性具体表现在，不一样层级的区域技术创新有不一样的特性，因此遵照不一样的规律，创新生态系统是一个由简易到繁杂并经历了多种多样变化的系统；层级间的要素和个体行为是相互影响的，如区域内公司的技术创新驱动力情况，决定着区域技术创新活动是不是积极的，而复合型创新机构的技术创新个体行为，尤其是不同行为主体间的合作情况，又牵制着公司技术创新的主动性；系统的层级越高，系统的结构和作用越多样，系统的运作全过程越繁杂。

2.1.4.9　耗散性

区域技术创新生态系统在其本身发展变化中，通过与环境进行技术创新信息、动能和物质的交换，能够产生一个井然有序的全过程，即技术创新的水平持续提升，区域高新技术经济发展与环境的共同发展质量持续提高，这就是区域技术创新生态系统的耗散性。造成耗散性的关键因素如下。第一，区域技术创新生态系统是一个对外开放的系统。该系统与我国创新系统存在着紧密的联系，与更高范畴的地理环境、国际性、经济发展、高新科技存在着各种方式的共生模式。区域技术创新生态系统与外界存在着信息、动能和物质互换，要持续从外界得到技术创新所必需的信息、资产、优秀人才等，必须要向外界给予创新技术和创新商品。第二，区域技术创新生态系统是一个避开平衡态的系统。避开平衡态就是指区域技术创新生态系统各要素间的相互影响、系统内外的沟通交流，导致系统内各要素自始至终处在动态发展之中。如公司作为创新行为主体有本身生成与发展的内部活动全过程，与此同时它还需要依据环境的转变，采用不同的技术创新发展战略和防范措施，以适应新环境的规则（不适应新环境，价值就难以达到，环境与高新科技经济共同发展就难以达到）；同样产业内部的技术创新存在着很多创新沟通交流；不同产业间的技术创新也存在着创新沟通交流等。第三，避开平衡态的要素间沟通交流和相互影响是一种离散系统的关系，即区域技术创新生态系统各要素间并不完全形成简易的逻辑关系或是线形的相互依赖。如技术创新成效与技术创新要素（人、财、物、信息等）并不是简易的逻辑关系，即只需提升要素资金投入，创新成效就一定提升；就算提升，也并不是线性相关，即技术创新成效的提升与技术创新要素的资金投入并不是成正比的。区域技术创新生态系统的这种特性，促使该系统发展变成耗散结构。区域技术创新生态系统既然是一个对外开放的、避开平衡态的系统，那么，系统的熵转变能够表示为：$ds = des + dis$。ds 是区域技术创新生态系统的总熵流；des 是区域技术创新生态系统与外界开展沟通交流而产生的负熵流，主要表现为技术创新所需信息、动能、物质的提升；dis 是区域技术创新生态系统内部因为不可逆过程而造成的正熵流，主要表现为系统内部信息、物资供应、动能的耗费。ds 可正、可负、可为零。若 $ds = 0$，说明在外部环境与区域技术创新生态系统开展交换的全过程中，早已向系统内给予了充足的负熵流，进而保持区域技术创新生态系统不容易趋于错乱，只是保持原状。若 $ds < 0$，说明在外部环境与区域技术创新生态系统开展互换的全过程中，

向系统内给予了大量的负熵流，造成总熵降低，说明区域技术创新生态系统得到的信息变多，系统趋向井然有序，系统的集约化水平进一步提高，系统构造完成了由简易到繁杂、由低等到高级的演变过程；区域技术创新生态系统的创新能力获得持续提升，技术创新的水平持续提升，区域高新技术经济发展日益兴盛。若 $ds > 0$，则说明系统是一个独立系统，这不是区域技术创新生态系统的一种情况。以上由熵变造成的系统有序化提升的全过程，便是耗散结构产生的全过程，因而，区域技术创新生态系统达到开放式、非平衡条件，具备耗散结构特点。

2.1.4.10 共生演化

自然生态系统是在一定空间和时间，由自然环境构成的具备一定规模的总体。在其中每个微生物依靠物质循环、能量流动、信息的传递而相互联系、相互影响、相互依赖，形成具有自适应、自调节和自组织功能的复合体。创新生态系统作为自然生态系统的对比定义，有专家学者觉得，任何一个企业都应当与其所在的生态系统"相互依存演变"，而不仅是市场竞争或协作。创新生态系统是由企业、顾客和销售市场及所在区域、社会和经济环境组成的系统，其中包括由经销商、代销商、业务外包企业、产品和服务生产商、技术提供者、其他组织等一同组成的疏松网络，这一疏松的网络为创新生态系统成员提供了灵便的关联与控制系统设计标准，造就了相互依存关系，相互依存演变也成为推动绿色生态同盟合理的最终方式。共生性有双层含义，即创新主体间的相互依存、创新主体与外部环境的相互依存。专家学者认为：创新主体间的竞合、相互依存并不是指彼此之间没什么市场竞争的发展模式，只是各主体间为了更好地得到更强的核心竞争力而产生的合作关系，其实质是通过协作的市场竞争。创新主体借助平稳的系统环境，迅速提高创新效率，在创新全过程中持续吸取系统内部专业知识的同时也造成专业知识外溢，进而与系统环境产生共生性。

2.1.4.11 多元性共生

创新主体的多元性是创新生态系统的一个根本特点，是其维持充沛活力的关键。多元性规定创新生态系统应容下尽量多的"创新基因库"，而竞争协作、相互依存则促进着创新生态系统达到最适宜的多元性水平。

2.1.4.12　自组织演化

市场经济体制推动着系统的良好发展、创新的提升、知识的扩散，遗传—变异—扩散在这个全过程中充分发挥。根据现行政策，政府部门在促进制度创新、维持对创新较大的包容性层面表现更加优异。

2.1.4.13　开放式协同

创新生态系统持续从外界引进新品类和新要素，深远影响着创新集群演化和系统总体发展。在一个国家或地区创新生态系统中，科学研究生态系统、开发设计生态系统、运用生态系统、服务生态系统在充分的相互交流、高度协作中演变。

2.1.5　创新生态系统相关理论

2.1.5.1　创新生态系统的形成与构建

搭建创新生态系统的重要标准之一是创新主体之间、创新主体与环境之间的相互作用、紧密联系。本书根据创新生态系统的特性将其划分为协作创新性、协同适应能力、相互依存耦合度这三个关键特点。在创新生态系统中，在创新主体和创新环境互相协作的全过程中，关键的创新主体会得到新物质、新动能及其新信息，并发现技术性创新发展机遇，鉴别创新威胁，制订创新管理决策。创新活动产生在创新主体和创新环境的互相协作的全过程中，以此来开展动能、物质、信息的反馈与交换。在此过程中，包括企业、科研院所以及政府在内的要素会推动创新生态系统的优化和升级。创新主体的活动之所以会受到环境方面的约束，是源于创新活动具有地域性和根植性，活动主体与创新环境有一个协调与适应的过程。系统中模块间的耦合对模块化的网络组织绩效有促进作用。复杂的技术创新具有集成性，发展更新的速度越来越快。企业共生在创新系统内，主动与环境适应，并且企业与创新生态系统的共生耦合会加强和巩固企业和其他创新主体之间的协作作用，使得资源、知识以及技能的互补、共享、共用等耦合效应得以实现，利他主义、利益互惠等正面行为在共同利益的驱使下渐渐形成。

2.1.5.2　协同创新网络

我国的中小型企业在企业总数中占据较大比重，这些企业由于自身规模较小、能力方面有局限，所以在进行创新活动时会遇到资源短缺、资金不足的状况，导致其在进行创新活动时会遇到较大的问题而难以独立完成。所以企业间的协作创新应运而生。

协同创新网络的发展也经历了不同发展阶段，在协同创新网络形成初期，还没有网络的形成，只是简单的临时合作关系，当企业面临困境时会寻求其他企业或组织的帮助，相互之间的信任是这种关系建立的基础，这种信任也是企业进行协同创新的基础因素，如果缺乏相互信任，企业间的合作关系就难以维持。进入到协同创新网络理论创新和协同模式研究阶段，学者开始转换视角，把社会关系作为切入点，认为协同创新网络的主体之间是相互作用、相互关联的，从而建立起复杂的社会网络，认为协同创新网络的结构特征作为一个重要因素，会影响企业的创新绩效。

本书认为，协同创新网络就是企业、高校、科研机构、政府等组织在面对技术创新时，由于自身条件的约束而选择与其他组织进行合作而自发形成的集合，寻求组织间的优势互补和信息、资源共享是形成协同创新网络的驱动力。

2.1.5.3　社会网络

20 世纪 70 年代，学界就出现了大量技术性和实际应用方面的文献，关于社会网络的研究日趋成熟。最初，社会网络理论的提出主要是为了研究社会学领域相关问题，而在各领域知识的融合与扩散中，社会网络理论于 1979 年被蒂希（Tichy）等引入管理学领域，随后该理论在经济学中也得到了广泛应用。

巴恩斯（Barnes，1954）首次系统提出社会网络理论，他认为一些存在于正式关系之外的非正式关系也会对社会的正常运行和结构的稳固性有着重要影响。米切尔（Mitchell，1969）认为社会网络关系包括正式关系与非正式关系，他立足于社会关系，扩充了社会网络观点的内容，提出社会网络是由网络中所包含的个体行为活动所组成，其本质是对个体之间关联纽带的有机整合。格兰诺维特（Granovetter，2000）认为社会网络是基本的社会关系和其他关系相互影响而产生的具有交错关系的集合，由网络中的主体节点相互连接而成，并提出弱关系是社会网络中个体联结的纽带。张宝建等（2011）从社会资本和结构洞角度进行分析，解释了社会创新网络的形成过程，他认为企业在构建社会关系过程中获得了网络资源，在社会网络相互联系的过程中产生了社会资本；企业创新网络的自发生长过程则是结构洞存在并发挥作用的体现。结构洞占据者获得大量信息的过程相对容易，从而提高信息效率，并且能够控制信息流向，通过这些，占据者实现了网络结构的驱动作用。不同类型的结构洞会对新联系和新节点产生不同的作用，在企业创新网络过程中实现节点的竞合联系。张秀娥（2018）在研究之后认为，社会网络是相互之间存在复杂联系的个体和组织所组成的集合，同时网络中资源的流动与分配会受到网络结构大小、强度等因素的制约。社会网络的概念在几十年的发展中渐渐呈现出理论普适性，在越来越多的领域得到了广泛应用，在管理学领域更是体现了巨大作用。

下面对社会网络主要理论进行简要介绍。

1. 强弱关系理论

格兰诺维特（1973）在研究中发现比起关系密切的人（强联系）来说，在那些交往并不繁密的人（弱联系）的帮助下，获得工作的可能性更大，另外，他还提出了网络内部的异质性和同质性。在社会网络中，同质性网络中各节点之间的沟通效率是远远低于异质性网络中节点的沟通效率的，网络的异质性有利于节点个体收集不同种类信息，可以扩大各个节点接收信息的广度，帮助社会网络中的个体尽可能获取全面的信息。弱关系理论的提出在学术界引发了广泛讨论，以克拉克哈特（Krackhart）和边燕杰（2000）等为代表的学者提出了看似与之相对的强关系理论。在强关系中有一个十分重要的影响因素就是信任，这也使得在困境中强关系比弱关系更加可靠。总体来看，强关系理论和弱关系理论是对立存在的。但是，张秀娥等（2018）认为不能简单地将强弱视为对峙关系，她认为强弱关系理论只是在研究视角方面产生了分歧，例如从难易程度来说，人们容易从强关系网络获取信息，在弱关系网络中获取信息则比较困难；从信息效度来说，通过强关系网络获取的信息重复率较高，信息面小，而通过弱关系网络获取的信息覆盖面更广，流动性较强，具有多样性。

2. 结构洞理论

伯特（Burt，1992）将社会网络理论引入经济学领域，他认为每一个市场主体都是以三种基本资本参与竞争：经济资本、社会资本和人力资本。经济资本和人力资本都能比较直观地发挥作用，能够较快地看到资本投入带来的影响，容易得到人们重视，而社会资本对回报率的影响往往会被人们忽略。他认为在社会网络中并不是所有主体都直接紧密地联系在一起，网络中无法避免地会存在节点空洞，即结构洞理论。处于结构洞的企业充当了其他不关联企业的纽带，占据了信息、资源和竞争优势，这使得该企业在网络中的地位上升，容易建立企业之间的沟通渠道，获得竞争优势。

3. 社会资本理论

社会资本的发展历史悠久，但在 2002 年社会资本理论才被称为社会网络的一部分。林南（2002）认为社会资源是只有在个体嵌入个人社会关系网络后才会产生的资源，这需要与他人发生联系，并且将社会活动分为获取资源的工具性行为和维持资源持有时间的情感性行为，工具性和情感性行为在社会网络中会相互促进彼此的回报，提高社会资本。社会资本和社会网络分别以资源合集和流动渠道这两种角色不断催化社会网络的变动。

2.1.5.4　协同创新网络特征

安索福（Ansoff，1956）首次提出"协同"，他认为协同是一定范围内的独立主体通过一定的渠道和方式联结起来，成为一个总体，相互影响并在此基础上进行资源交流，以达到各自组织目标。协同创新概念的产生则是从 20 世纪八九十年代开始。蒂德（Tidd，2005）在深入研究之后将协同理论引入科技创新领域，并对企业之中创新要素的协作联结过程进行研究，正式提出协同创新理念。21 世纪以前协同创新的研究只局限于微观层面，观察企业内各部门间的协作及其产生的效果。从 21 世纪开始，相关研究开始转向中观和宏观方面，对整个行业或者一定地域内的协同创新系统进行研究，学界研究方向由简单的协同创新向企业集群协同创新转变。

西方关于协同创新的研究是由一个主体向多个主体发展，而我国协同创新理论的研究起源于"三螺旋"理论。亨利·埃科瓦茨和洛特·劳德斯多夫（Henry Etzkowitz and Loet Ley-desdorff，2000）利用三螺旋模式对大学—产业—政府之间的运动关系进行研究，从此三螺旋理论被认为是创新研究中的一个新方法。在三螺旋理论的重叠模式中，每个主体除了扮演好本职角色以外，还要承担其他角色的部分职能。协同创新是系统化、多层次、多主体、网络化的，于是学术界开始提出协同创新网络这一概念。本书采用方炜（2018）在《协同创新网络的研究现状与展望》一文中的定义：协同创新网络是以核心企业、高校、研究机构、客户等为主体，通过创新主体间正式和非正式的关系联结，在长期稳固的交叉作用和协同关系影响下而形成的具有集群优势、技术溢出优势和知识共享优势的开放创新网络。协同创新网络自然也会具有社会网络特征，企业嵌入到创新网络中并与其他主体联结起来形成一个信息流动的网络。大量学者对协同创新网络的相互联结、运作机制、结构特征和格局演化等问题也进行了研究，这里就不再赘述，接下来主要阐述协同创新网络特征的内容。

王帮俊（2014）认为高水平行业大学协同创新网络特征有以下几点：功能性、双边性、针对性、动态性。米切尔（Mitchell，1969）将网络特征分为网络的规模、结构和主体相互之间的联系与交流，即互动性；解学梅（2013）则认为协同创新网络特征包括规模、同质性、强度和开放性四个维度。刘路明（2019）根据关系和位置的不同将网络特征划分为关系嵌入和结构嵌入。网络中各节点之间的关系特征即为关系嵌入，例如网络强度、异质性、开放性等。结构嵌入是指创新节点在网络中所处的位置，包括网络的中心性、密度、规模等维度。结合以往学者相关研究和理论成果，本书选取网络强度这一个维度对集群企业的产量博弈进行研究。

基于对以往学者研究的总结，本书将协同创新网络特征划分为网络同质性、网络规模、网络强度、网络开放性和网络稳定性这几个维度。

1. 网络同质性

协同创新网络是在技术创新方面寻求合作、与外界优势互补的主体建立起来的信息资源共享的组织网络，他们在技术、知识、信息上合作共享，由于在创新上的共同之处，具有一定的同质性。

2. 网络规模

网络规模是指协同创新网络的辐射范围和涵盖企业数量，网络规模的形成不是一蹴而就的，在协同创新网络形成初期，只是少数企业间简单的合作和资源共享，随着企业间协同创新优势的体现，会吸引越来越多的组织加入，网络中的一些企业、组织成为新的网络中心，联结其他组织。科研院所、高校等机构会寻求企业的资金、资源支持，企业也能获取这些机构的科研力量和优秀人才，久而久之形成了大规模的协同创新网络。但是规模并不会一直扩大，当达到一定程度时，由于网络内部需求的饱和，加上地域等环境的限制，新加入这个网络的组织就会减少。多数学者认为网络规模的大小与企业创新绩效是正向关系，当网络规模越大时，网络中的资源就会越多，分享信息的主体更多，获得外部创新知识的渠道就会更多，从而提升企业的创新绩效，本书也持这个观点。

3. 网络强度

网络强度是针对各个主体间的关系而言的维度，有强弱之分，强关系是指信息共享、频繁交流、长期合作的关系，弱关系是指缺乏交流、信息共享不充分、短期合作的关系。关系的强弱程度会对企业的创新绩效产生影响，学者们对关系强度与创新绩效之间的相关性各持己见，有人认为企业间的联结关系越强，信息资源的传播和共享程度就越高，企业间的合作程度加深，有助于企业在其他企业的帮助下突破创新瓶颈，取得创新成果。另一些学者则持有相反的观点，认为强关系会成为企业提高创新绩效的绊脚石，因为强关系中的企业联系紧密、相互信任、依赖，加上对于强关系中信息、知识、资源的保护，会排斥强关系之外企业的进入，这样会阻止外部新鲜血液涌入，使得强关系内的企业缺乏活力。

协同创新网络的关系强度对企业创新绩效的影响在目前仍然是受争

议的问题，学者研究的目的都在于通过调整企业间关系的强弱程度来提升创新绩效，企业创新绩效提升后，产品的成本会相对降低或生产力提高，二者都会使得企业的成本减少，企业在更多利润和更大市场份额的驱动下就会适当降低产品价格。因此本书认为，网络强度影响集群市场价格的稳定性。

4. 网络开放性

首先提出开放式创新概念的是美国学者切斯布洛（Chesbrough），强调创新主体整合内外部创新要素对创新过程的重要意义。陈劲（2014）指出在开放的网络创新下，创新主体之间没有明确的边界，每个企业、组织随时都能实现与外部资源的交流与共享。协同创新网络涉及多个主体在多个层次、多个阶段、多个要素的合作，为了提升合作质量和创新效益，每个主体都应该保持开放性，吸收外部资源，增强创新能力，同时网络的开放性会吸引外部组织加入，打破协同创新网络中现有平衡，激发出新的创新切入点。

5. 网络稳定性

网络稳定性是协同创新网络面对外部环境和内部资源、信息、知识、技术等变化时维持网络内部秩序稳定的能力，由于协同创新网络中包含的组织较多，且每个组织之间的依赖程度较强，在某一组织遭受冲击时会对其他组织造成连带影响，因此协同创新网络的稳定性比较容易受到影响。

2.1.5.5 集群市场

集群市场由在特定地理单元中相互联系的、产品和服务具有一定替代性或者相关性的企业所组成，集群市场中企业联系密切，企业的产品有一定的替代性，因此企业为了获得更多利润就会加快技术创新，减少相对成本，为整个市场带来效益，这为协同创新网络的发展提供了组织载体。目前对于集群市场的研究的重点在其形成过程、影响因素、市场竞争力等方面。

在我国城镇化发展进程中，可以看出城镇规划中各个功能区的边界越来越明显，企业集群在城镇化过程中不断发展成型。这种自发形成的完整的企业集群和产业链，对于中国实体经济的发展来说是极为有利的。在此之中，协同创新网络所发挥的作用不可小觑。协同创新网络的形成及其特征对集群市场是否产生影响是一个有价值的研究课题。

"集群"（cluster）最早是表示一个生物群落，反映了群落中各种生物之间的关联与依附。企业集群概念的正式提出是在 1990 年，迈克尔·波特在《国家竞争优势》一书中给出企业集群定义。在后续发展中，不少学者都对企业集群进行定义。龙剑军（2015）对经常被引用的国内外学者所提出的企业集群定义进行了整理，并结合前人研究提出了新的定义：企业集群是在特定产业领域内，由大量既独立又相互联系的企业及相关机构在一定区域内集聚而形成的生产网络，集群中充溢了正式合作和非正式合作。

企业集群可以产生群体协同效应，集群内的企业可以在相互竞争与合作中不断推进科技创新，提升资源利用率，缩减经营成本。因此企业集群形成的本质原因就是市场中信息不对称和企业自身短板的共同作用，推动企业自发寻找分散风险和研发成本、增强抵御经济危机能力。而企业集群这种发展形态，可以满足他们的需求，这种发展方式特征鲜明。企业集群具有集中性，集群内的企业往往具有地域上的联系，这种距离优势可以提高企业间沟通效率，减少运输成本。尽管企业集群内联系紧密，但是他们之间并不具有完全依附性，企业间往往是合作与独立并存。由上文可知协同网络具有双边性，企业在选择合作方案时会首先考虑自身利益是否能得到满足。当企业与集群内整体利益发生冲突时，企业往往会在确保当前经营不受影响以及能看到未来收益的情况下作出让步，推动集群利益获取。另外，竞争无处不在，企业集群市场中也是如此，物竞天择的道理在集群市场上同样适用。企业集群内成员并不是一成不变，而是会随着市场竞争、企业自身发展速度、企业与集群内其他企业匹配度等因素而变化，具有动态性。企业集群市场依然遵循市场运行规律。

2.1.5.6 博弈分析理论

博弈论是运筹学中的重要知识点，主要探究竞赛中对阵胜负的问题。关于博弈论的研究历史悠久，春秋战国时期著名军事家孙武的《孙子兵法》就涉及战争中的博弈问题，田忌赛马中运用了博弈论中的零和博弈理论。但是这些内容只停留在经验表层，并没有将其理论化，也没有深究其底层逻辑。博弈论近现代的发展最早是由冯·诺依曼（1937）提出，随后美国经济学家约翰·福布斯·纳什在1950年提出纳什均衡理论，该理论认为在多方博弈中，存在一种稳定状态，即其他参与者保持现有策略不变时，单个参与者的改变并不会为该参与者带来额外收益。完整博弈应当包括多种要素，参与人、策略、支付这三种是构成一次博弈的基本要求。关于博弈的类型，分析视角不同，得到的分类结果也不同。博弈论在解决现代企业管理问题中应用广泛，一般是将企业间的竞争关系通过一定的公式表达出来，在考虑博弈中个体可能出现的行为和实际出现的行为的基础上，研究其优化策略，在实现均衡的前提下尽量增加收益。在众多学者的研究成果中，出现了很多经典博弈模型，很多对博弈论并不是很了解的人也知道"囚徒困境"模型。但是在这些模型中，应用最广泛的是古诺纳什均衡（Cournot Nash equilibrium）、伯特兰德模型（Bertrand duopoly model）和斯坦克尔伯格模型（Stackelberg leadership model）。古诺纳什均衡又称古诺双寡头模型，是一种以产量为决策变量的双寡头模型；伯特兰德模型是一种以价格为决策变量的完全信息静态博弈；斯坦克尔伯格模型因为博弈中参与者地位存在差异又被称为"主导企业模型"，它改变了前两者模型中参与者在博弈中地位平等这一基础条件，假设处于主导地位的企业在作出产量决策时，会将其跟随企业的行为决策考虑进去，即主导企业的决策行为会受到跟随企业反应的制约，在此情况下做出利润最大化的决策。本书主要研究协同创新网络特征对集群企业在市场竞争中进行产量博弈时的影响，运用古诺双寡头模型进行研究。

此外，本书运用伯特兰德模型进行博弈分析，该模型假设双寡头企业生产完全替代品，一家企业制定其产品价格时，其他企业不会因为它的决策改变其产品的价格，那么如果当一家企业的价格低于另一家企业，在产品相互替代的状况下，价格低的企业将会获得所有的市场份额，价格高的企业产品将无法出售获得利润，因此价格高的企业会调整其价格，当两个企业的产品价格相同时，双方平分市场份额，但是企业为了获得更多利润会不断调整价格，最后达到两个企业的价格都等于边际成本，企业长期利润为 0 的结果。然而我们知道这与现实生活中的情况是不相符合的，基于企业之间不同的技术和生产条件以及工人之间的个体差异，两个企业之间的产品不可能为完全替代品。因此在实际的博弈分析过程中，我们应该要将企业看作有限理性的主体，企业根据所处的市场环境和自身的生产能力定价。

2.1.6　创新生态系统的相关研究现状

2.1.6.1　创新生态系统的国内研究现状

创新是引领企业发展的重要动力，在技术不断更新换代的今天，企业只有进行不断的创新才能够脱颖而出，因此，创新是企业发展的核心与灵魂，而创新生态系统则是推动企业创新绩效提升的重要引擎。然而，现有环境下，企业大多暴露出创新活动不合理不规范、资源缺乏协调、自身创新动能不足、创新绩效低下等问题。如何提高区域企业创新绩效一直是学术界和实业界需要解决的重要问题。

从组织框架、生态模型、创新技术等不同视角，学者们对企业创新以及创新生态系统对企业创新效率提高的影响展开分析研究，建立起了基本理论架构。

国内学者针对创新生态系统开展了一系列研究，研究成果主要集中在三个方面。

一是，研究如何更好地建设创新生态系统的相关问题，例如蒋石梅、吕平（2009）等，基于生态系统的观点，他们认为，企业无法独自拥有所需的全部必备资源，且创新的环境不是在真空之中的，创造良好的创新环境必须在生态系统中充分吸纳资金、人才资源，包括合作伙伴。黎友焕等（2019）梳理构建粤港澳大湾区政产学研协同创新生态系统的制约因素，并从四个维度（动力、保障、风险与利益、评价）来优化系统。赵长伟、王留军等（2020）再次剖析了创新创业生态系统理念，构建了包含十个要素的分析评价指标体系，对我国东南五省的创新创业生态系统建设现状进行对比分析。

二是，研究创新生态系统对企业、区域甚至国家的创新能力和创新效率的影响机理，并探索创新能力和创新效率的提升对策。例如，解学梅等（2020）使用扎根理论和模糊集定性比较分析（fSQCA）探索开放创新生态系统模式如何促进产品创新的因果关系。史竹生（2018）基于生态的视角，运用 DEA 模型，对每一个生态系统里的独立个体进行单独定位，确定了产品研发资源投入、技术创新成果转化的生态协同进化。由此得出结论，企业生态系统对企业的创新效率的提升起着决定性的关键作用。陈向东等（2014）对创新生态体系对自主创新高效率的影响开展了实证研究，科学研究的结果显示二者之间存有明显的正比关系。彭本红等（2016）实证研究了服务平台公司商业服务生态体系与自主创新业绩考核的关联。郑述招和吴琴（2016）认为专利权是地区自主创新能力的重要反映，其从创新生态系统的角度为提高厦门地域的创新能力给予了一些重要的政策提议。包航宇和于丽英（2017）深层次研究了创新生态系统下企业创新技能提升的本质逻辑。

三是，在创新生态系统角度下，研究创新效率和创新绩效考核的影响因素及其创新绩效考核和创新工作能力的评价。比如，刘学元等（2016）的研究表明，企业的创新绩效考核在创新网络中，会遭到外界的网络关联及其本身的吸收力这两层面的作用。罗亚非等（2009）搭建了地区技术性创新生态系统的指标自变量，剖析评价了各省市技术性创新生态系统的创新绩效考核。许菁菁等（2017）从创新生态系统角度评价了安徽地区创新工作能力。孔德泰（2017）研究了生态系统角度下北京中关村示范园区的协作创新。

其他国内专家学者也对创新生态系统的研究作出了许多贡献。李其玮等（2018）将产业创新生态系统下的专业知识优势分成差异性、成本领先和权益领先三个层面，并且实证验证了三类知识优势与创新绩效全部显著正相关。曹冉（2020）发掘了创新生态系统新内涵，将企业的发展时期分为形成的时期、发展的时期与成熟的时期，揭示创新生态系统视角下技术创新的重要地位。

综合梳理分析文献结果，可以发现，多数学者的研究仍停留在理论研究阶段，强调创新主体之间相互联系。在创新生态系统背景下，企业的核心目标是将所拥有的可调配的资源以及信息技术转化，实现成果创造。结合时代背景和数据研究，我们将创新生态系统作为重要的支持力

量，阐述创新和生态理论，剖析影响创新效率的因素，为提高企业创新
效率提供方向和对策。

2.1.6.2 创新生态系统的国外研究现状

国外专家学者对于创新生态系统的研究所获得的研究成果主要集中
在三个层面。

一是研究创新生态系统对企业创新绩效考核和创新技能提升的影
响。比如，罗恩·阿德纳（Ron Adner，2009）研究了创新生态系统对
企业创新技能提升的影响原理。阿德纳（Adner，2010）剖析并研究了
有关英国的一家空客公司（Airbus Company）运用创新生态系统中各组
员中间的技术性及其相互依存的组织架构，推动了技术创新，与此同时
完成了价值创造。有学者（Guannan Xu et al.，2018）在考虑到创新生
态系统的两个核心特性——集成化顾客价值和互动式网络时，开发设计
了一个架构来研究涉及科学研究、技术性和业务流程子生态系统的双层
创新生态系统的创新能力。也有学者（Hung and Chou，2013）认为外
界技术性、自然环境和销售市场这三个外界要素的组成对企业敞开式创
新绩效考核拥有关键的影响。莫里森（Morrison，2008）表明在网络中
的企业和外界的机构会具有一些关键的联系，会运用一系列的相关创新
活动，把在网络外界的资源吸进创新网络之中，从而对创新网络的创新
能力造成影响。学者（Mingwei Zhou and Jiaqi Wang，2019）认为创新生
态系统包含协同、进化两个层面，并从这类视角剖析了其对创新环境
的影响和产业创新生态系统中的互动交流，最后对于汽车工业升级存
在的不足提出建议。加萨瓦尔（Gasuadl，2013）根据研究发现企业
之间的高密度的联系会提高企业间竞争与合作的频率，能够提升企业
的创新能力。

二是不同地区创新生态系统对创新绩效考核造成的影响的比照研
究。比如克里希南·里什卡沙（Krishnan Rishikesha T.，2011）对硅谷
和印尼高新科技产业基地的创新生态系统开展了比照研究，剖析了二者
在创新绩效考核上的差别。莫里·马修（Mowry Matthew J.，2012）研
究了英国新罕布什尔州的高新园区创新系统，说明健全的创新系统能够
提高高新园区创新绩效。

三是研究创新生态系统的基本建设。圭尔梅·布里茨·贝尼特斯（Guilherme Brittes Benitez et al.，2020）认为创新生态系统使中小企业可以整合资源并共同创建工业4.0解决方案，并且研究了此类生态系统如何巩固和发展，以及在其中如何共同创造价值。马吉恩和尤贝蒂（Maggion and Uberti，2009）于研究中意识到企业与其他的合作组织之间的关键技术、空间距离等会影响创新网络的形成与构建。

其他国外学者也从其他视角研究了创新生态系统，做出了很多的贡献，有利于创新生态系统相关理论研究的发展。霍维茨（Horwitch，2015）则通过建模和数据的实际论证，认为这种由机构和个人共同构成，同时具有松散、开放性的经济系统，造成了企业与非企业越来越依附于内外部资源，并且认为创新的关键在于技术，在于整合资源。米娜（Mina，2014）等提出用户、供应商以及大学是企业创新的外部知识的主要来源机构。艾米丽·培根（Emily Bacon，2019）等提出，开放式创新生态系统涉及多个利益体间的知识转移、产品和服务创新，并且能够部分取代网络级共建方法，对于有效管理生态系统合作伙伴之间转移的知识和信息开放式创新至关重要。然而，现有研究集中在确定知识转移成功的必需条件：知识获取、知识提高。

综合以上文献我们可以发现，目前国外关于创新生态系统的研究相比于国内要更加丰富完善一些，但是大部分也是停留在理论研究，强调创新主体与创新环境之间以及创新生态系统内部各要素之间的联系。

2.2 企业创新绩效相关理论及研究现状

2.2.1 企业创新绩效相关概念

2.2.1.1 企业绩效的概念

绩效考核是机构中个人（人群）特殊时间内的可描述的工作中个

人的行为和可考量的工作结果，及机构结合个人（人群）过去工作上的素养和工作能力，具体指导其改善、健全，进而预估该人（人群）在未来特殊时间内能够获得的工作成果的总数。绩效考核就是指机构、精英团队或个人，在一定的资源、标准和环境下，达到目标的优异水平，是对总体目标完成水平及达到高效率的考量与意见反馈。

绩效考核有其来源及含义，从不一样的视角看待绩效考核会展现出不一样的结果。绩效考核，单纯性从语言学的视角看来，绩效考核有考试成绩和经济效益的含义。用在经济与管理主题活动层面，就是指社会发展经济与管理主题活动的结果和成果；用在人力资源优化配置层面，就是指主体个人行为或是结果中的投入产出率；用在公共行政中考量政府部门活动的实际效果，则是一个包括多元化总体目标的定义；从企业管理学的角度观察，绩效考核包含本人绩效考核和组织绩效两个层面。从字面意思剖析，绩效考核是绩与效的组成。绩便是销售业绩，反映企业的盈利总体目标。

目标管理（MBO）和岗位职责规定。企业要有企业的总体目标，个人要有个人的总体目标规定，目标管理能确保企业朝着预期的方向前行，达到目标或是提前完成总体目标能够给予奖赏，例如奖励金、抽成、效益工资等；岗位职责规定便是对职工日常工作中的规定，例如销售员除了进行销售外，还需要做新用户开发、销售市场数据分析等工作，对这种岗位职责工作也是有规定，这一规定的反映方式便是薪水。效是高效率、实际效果、心态、品性、个人行为、方式、方法。效是一种个人行为，反映的是企业的管理质量总体目标。效又包含组织纪律性和品性两个层面，组织纪律性包含企业的管理制度、标准等，遵守纪律的职工能够获得殊荣是毫无疑问的，例如嘉奖、发荣誉证书、奖牌等；品性指个人的行为，"小用看销售业绩，厚用看品性"，只有销售业绩突显且品性出色的工作人员才可以获得升职和器重。

从以上描述能够看得出，绩效考核是一个机构或个人在一定阶段内的产出率状况，产出率指的是工作目标在总数、品质及高效率层面的进行状况，从而衍化出了绩效管理的概念。说白了，绩效管理就是指各个管理人员和职工为了更好地达到组织总体目标，共同参与绩效计划制订、绩效考核指导、绩效考评点评、绩效考核结果运用、绩效考核指标提高的不断循环系统全过程，绩效考核管理的目的是不断提高个人、单位和组织的绩效。绩效考核管理是全部人力资源优化配置和企业管理中较难保证的，它在操作过程中很繁杂。绩效考核管理的目标是人，人与设备较大的差别是，人会有观念、有心态，会造成销售业绩的起伏。

2.2.1.2 企业创新绩效概念

创新是推动一个国家产业发展的动力所在，而创新的能力取决于诸多公司。公司技术性创新分成过程创新和产品创新，公司创新绩效考核因而能够分成创新过程绩效考核和创新产出绩效考核两大类，创新过程绩效考核体现公司对技术性创新活动的管理能力，创新产出绩效考核关键是以 R&D 绩效考核获得体现。创新绩效考核常常被用于考量创新活动的优和劣，因此诸多专家学者对其特别关注并多方面探讨，该层面的科学研究不一而足。创新绩效考核对政府机构和企业管理人员把握创新型公司自主创新的进度和成效，发现公司自主创新存在的不足及原因，采取有针对性的对策，提升公司创新资源的构成和配置，调节创新产出总体目标和方向，进一步提高公司自主创新效率具有重要的实际意义。

创新绩效考核即在新技术引入公司后，公司的价值增长值的总数，以公司业务流程额的提升来精确测量。影响因素包含许多，其中公司规模、领域技术实力等要素均会对创新绩效考核造成重大影响。因而，管理人员和经营人务必有较强的创新型公司的创新工作能力与处理和对待难题的创新工作能力，并明确提出更有目的性和更合理的对策，协助改进公司创新层面的资源构成，改善资源分配的计划方案，调节输出的总体目标，确立创新工作的方向，且最后做到提升自主创新效率的目的。

2.2.2 企业创新绩效相关理论

2.2.2.1 创新绩效评价

创新绩效评估就是指公司在特殊的情况下对创新计划方案、主题活动、创新的运营、管理方法实际效果的考核评价。

评价的最根本目的是激发完成组织总体目标的个人行为。从最一般的视角看来，评价有五个基本功效：第一，指导。纠正创新过程，便于更好的提供产品和服务。第二，预警。在公司碰到难题之前，评价体系即能预警存在的问题并提出可行的计划方案。第三，通知。向有关人员展示创新项目的进度或结果。第四，奖赏。依据本人和精英团队的创新绩效考核，明确奖励方案。第五，培训。评价结果还可用以明确培训实施方案，健全职工的创新专业技能或工作能力。

殊不知，公司在制订创新绩效评估规章制度时，应留意一些标准：

1. 确保创新个人行为与发展战略的一致性

评价的基本作用是将大家的注意力集中在公司所期望的总体目标上。这也是哈默和帕拉哈拉德所称的"发展战略用意"。公司的创新发展战略应体现其整体发展战略。它应确定什么类型的创新是公司急需解决的，这种创新怎样影响公司的目前业务流程，它们将对公司的核心竞争力和环境中的威胁具有哪种作用，应以如何的机会性和风险发布新产品，如何使创新项目与组织中的可获得资源相符合。费尔瑟姆等（Feltham et al.，1994）发现一个公司能够根据应用绩效考核评价来降低或减弱组织中的影响，使组织行为向发展战略靠近。

在为公司的创新活动创建评价方法时，这种指标要既可以体现公司的发展战略，又可以体现公司各项工作的特性，兼具未来总体目标与当前具体目标。除此之外，指标还应充分考虑创新的可变性与风险性的大小，使制订出的考核标准具备全局性和公平公正。

2. 兼具义务与权利的配对

洛赫和塔珀（Loch and Tapper，2002）强调合理的绩效评价务必以清楚的工作中的规定为基本：假如每日任务可以区划，相对应的义务也应当区划，义务与权利的范畴应当一致。可是，当一位管理人员承担多种每日任务时，若其中一些每日任务的可变性大且难以考评，公司就难以选用统一的鼓励对策。充分考虑创新的本质可变性（尤其是产品研发环节），仅以产出指标来考评创新活动是不健全的。为了更好地在可考量性与可变性间把握均衡，使评价管理体系既能考量公司整体发展战略的完成水平，又能体现研发人员的勤奋水平，创新的评价管理体系应包含产出考量与过程考量两大层面。

3. 推动运行操纵

针对一个动态性系统而言，及时反馈对确保其按整体规划顺利运行十分关键。创新也是一种系统活动，为确保其一切正常运作，务必常常考量其进展、费用、预算等事前制订的指标，明确其进展、资产充足度及其很有可能发生的偏移；还需要常常评价竞争者的反应、潜在市场的需求、组织适用范围和本身技术工作能力等要素，发现很有可能存在的不足，并根据持续调节方向和运行方法来改善下一步工作。

4. 完成学习培训和改善

评价规章制度能为组织学习和改善给予便捷。不论是过程或是产出的考量都能为大家评价自身的工作及怎样在之后的创新活动中改善工作给予依据。机构则可根据评价结果所体现的状况，调节创新组织规章制度和设计方案等，更好地进行将来的创新工作。公司还能从创新评价中发现合理的管理方式和实际操作方法，将各种评价数据信息和原材料搜集起来，创建公司创新信息库，为创新科学研究和剖析工作给予第一手资料。创新评价材料还能变成组织间沟通交流创新工作经验的媒介，散播合理的创新管理方案。

2.2.2.2 国外创新绩效评价的发展

国际性上有关创新绩效评估的具体运用也经历了持续提升的环节。20 多年来，美国执行专利权发展战略主要顺着 3 个运动轨迹持续延伸：一是专利权法律法规的调整与健全；二是调节专利权利益关系激励创新；三是提升进出口贸易中对专利权的维护。英国认为，创造效益是需要通过创新实现的，是创新的本质所在，然而这个过程是曲折复杂的，受到很多因素的制约，只有当有效管理的条件下，才能实现快速发展。英国贸工部（The Department of Trade and Industry）的《创新报告》指出"测度体系"是创新的"促进因素"，在"协调国家与区域创新领域"主题中提出要建立"一套国家与地区创新指标"。欧盟衡量成员国创新表现的工具有"欧洲创新记分卡"和"创新综合指数"。

梳理目前的相关研究发现，学者们对企业技术创新绩效的评价尚未达成基本共识。学者们目前所采用的评价方法大致可以分为两种：第一种为客观数据法，包括新产品开发数量、利润率、新产品销售比例、申请和引用的专利数量等。很多学者采用专利数据来评价企业技术创新绩效（Kim and Park，2013）。也有学者认为专利数据不够全面，需要把经济产出数据补充进来，建立多维指标体系来评价企业技术创新绩效，比如，宋艳等（2021）应用滞后两年的主营业务利润来评价企业技术创新绩效。第二种是主观问卷调查法，通过设计高质量的技术创新绩效测量量表，使用量表作为评价手段。比如，陈等（Chen，2011）从专利申请数量、新产品数量、新产品销售额、新产品开发速度、行业标准数量、新产品开发成功率占比六个方面设计量表来评价技术创新绩效。

（1）专利权记分卡的明确提出以及运用。专利权记分卡（Patent Scorecard）由英国 CHI 企业（20 世纪 70 年代早期，CHI 就初次创建了美国科学研究参考文献计量检定指标值。为了更好地开展专利权引入剖析，CHI 还创建了专利权数据库查询、特许权参照文献数据库和产品标准名册数据库查询）在 20 世纪 80 年代明确提出，其特性是运用科学研究论文引用剖析技术性对专利权引入状况的影响，本质上便是一种创新评价方法。这类方式不但重视专利权总数，还可用以对专利权品质的剖析。比如"专利权引入""当今影响指数值""综合性技术水平"等指标值的应用。其他衍化的评价方法如"专利权活动指数值""相对技术水平""技术生命周期""科学研究联系"等，都可以从不同方面体现专利权的质量与技术实力。从 2000 年起，《企业技术评论》杂志期刊依据 CHI 的数据库查询和科研成果，每一年公布一次被称作"专利权记分卡"的统计分析结果，用技术水平（综合性指标值）及专利权总数、当今影响指数值、科学研究联系、技术生命周期 5 项指标值，来剖析全球各大企业在国外专利权销售市场的市场竞争趋势。除此之外，CHI 还给予专利分析评价汇报。不难发现，专利权记分卡以及衍化的其他评价方法，历经发展趋势和健全，客观上产生了以发明专利为关键评价目标的创新绩效评估管理体系，为适用美国政府和公司专利权发展战略的执行充分发挥了至关重要的功效。现阶段，专利权记分卡获得了资本主义国家的普遍选用。

（2）创立"美国总统创新联合会"，创建国家创新发展战略评价指标体系。2005 年 12 月，英国颁布了新的《国家创新法令》。该法令明确提出的关键总体目标是：创立美国总统创新联合会，推动公共性和利益相关者的创新；开设推动创新支助方案，提升联邦政府组织对高新科技单位的产品研发资助；提升国家对基础研究的资金投入，到 2011 年，对国家科学研究慈善基金会的资助要接近翻一番；推动技术创新地区集群的发展。美国总统创新联合会的关键任务包含：第一，明确提出评定目前与创新有关的法律法规所产生的实际效果的度量管理体系。第二，融洽联邦政府各单位的创新活动。第三，评定各联邦政府单位创新方案的执行绩效考核。这些都和国家专利权发展战略的执行息息相关。这一计划方案的明确提出，说明英国当今对国家专利权发展战略绩效的评价，已不会再滞留在发明专利方面或公司方面。

从"专利权记分卡"建立以及应用到《国家创新法令》的明确提出，充分体现了英国专利权企业战略管理的演化构思，也就是：扩张创新绩效评估的范畴，加强创新绩效评估的幅度，以保证英国 IPRS 的合理执行，保持和推进英国在 21 世纪高新科技创新的世界霸主影响力和核心竞争力。

自 1994 年美国初次发布创新市场研究报告《实现我们的潜能——科学、工程和技术战略》以后，1998～2001 年，英国政府又发布了 3 份以创新为主题风格的市场研究报告《我们的竞争——建设知识型经济》（1998 年）、《非凡与机会——二十一世纪科学研究与创新政策》（2000 年）和《全球转型中的机会——自主创业、专业技能和创新》（2001 年）。2002 年后，美国系统发布了一系列计划（包含 2002 年 7 月的）《项目投资与创新》、2003 年 11 月美国贸工部的创新汇报《在世界经济下市场竞争：创新挑战》、2004 年 7 月的《科学研究与创新项目投资架构 2004～2014》和 2004 年 11 月贸工部公布的《从知识中创造价值》的 5 年计划。这些文件充分说明了美国以创新为关键的国家高新科技战略定位。

欧盟国家考量成员国创新主要表现的专用工具有"欧洲地区创新记分卡"（European Innovation Scoreboard，EIS）和"创新综合性指数值"（Summary Innovation Index，SII）。EIS 常用指标管理体系及评价方法由欧洲委员会与协同研究所协作制订。2005 年，该点评指标管理体系由 5 个一级指标和二十六个二级指标组成，包含：创新推动力（有 5 个构成指标）、专业知识造就工作能力（有 5 个构成指标）、公司创新工作能力（有 6 个构成指标）、创新业绩考核（有 5 个构成指标）和专利权（有 5 个构成指标）。2005 年，欧盟国家选用以上评价专用工具对其成员国及美、日等国开展了比照科学研究，对欧盟国家创新的现况、专利权、R&D 投入、科技成果转化体制等一系列难题拥有清醒深入的了解，确立了欧盟国家创新发展战略的未来方向。

2.2.2.3　关键绩效指标法（KPI）

1. 重要业绩考核指标的含义

公司重要业绩考核指标（Key Performance Indicator，KPI）是根据机构内部流程的输入端、输出端重要主要参数开展设定、抽样、测算、分析，考量流程业绩的一种总体目标式量化分析管理方法指标，是把公司的发展战略目标分解为可实际操作的工作规划的专用工具，是公司绩效考核管理的基本。KPI 能够使单位负责人确立单位的关键指标，并为此为基本，确立单位工作人员的销售业绩考量指标。创建行之有效的 KPI 管理体系，是搞好绩效考核的关键。关键绩效考核指标是用以考量员工工作主要表现的量化分析指标，是绩效计划的关键构成部分。

KPI 法合乎一个关键的管理方法基本原理——"二八原理"，即在一个公司的价值创造全过程中，80% 的工作目标是由 20% 的重要个人行为进行的。

2. KPI 的理论基础

KPI 的理论基础是"二八原理"，是由西班牙经济师帕累托明确提出的一个经济学原理，即一个公司在价值创造全过程中，存在着"80/20"的规律性，即 20% 的技术骨干工作人员造就公司 80% 的价值，并且在每一位职工的身上，"二八原理"一样可用，每一个单位和每一位职工的 80% 的工作目标是由 20% 的重要个人行为进行的，因而，务必把握住 20% 的重要个人行为，把握住 20% 的重要，就把握住了行为主体，之后对之开展剖析和考量，就能把握住绩效评估的重点。

"二八原理"为绩效考评指明了方向，即考评工作中的关键要放到重要的结果和重要的全过程上。因此，绩效考评一定要放到重要绩效考核指标上，考评工作中一定要紧紧围绕重要绩效考核指标进行。

3. KPI 的特性

第一点，KPI 来自对企业发展战略。这首先代表着，作为考量各岗位工作绩效的指标，关键绩效考核指标所反映的考量内容最终在于企业的发展战略。当关键绩效考核指标组成企业发展战略的构成部分用于管理时，它所考量的岗位便以完成企业发展战略的有关部分作为本身的工作职责；假如 KPI 摆脱企业发展战略，则它所考量的岗位的努力方向也将与企业发展战略的实现产生矛盾。此外，其第二层含义取决于，KPI 是对企业发展战略的进一步优化和发展。企业发展战略是长期性的、规范性的、抽象性的，而各岗位的关键绩效考核指标内容丰富，针对岗位而设定，紧紧围绕工作绩效考核，具备可考量性。因而，关键绩效考核指标是对真真正正推动企业发展战略实现的要素，是企业战略对每一个岗位工作绩效考核规定的实际反映。最终一层含义取决于，关键绩效考核指标随企业发展战略的发展演化而调节。即当企业战略着重点迁移时，关键绩效考核指标务必给予调整，以体现企业战略新的内容。

第二点，关键绩效考核指标是对业绩考核组成中可控性一部分的考量。关键绩效考核指标应尽可能体现职工工作中的可控性实际效果，去除其他或自然环境导致的其他层面影响。

第三点，KPI 是对关键生产经营的考量，而不是对全部操作流程的体现。每一个岗位的工作职责都涉及不一样的层面，高层管理者的工作目标更繁杂，但 KPI 只对其中对企业总体发展战略影响很大，对发展战略实现具有必不可少作用的工作开展考量。

第四点，KPI 是组织认可的。KPI 并不是由上级领导强制明确下达的，也不是由本职工作岗位自主制订的，它的制订全过程由上级领导与职工一同参加进行，是彼此所达成的一致意见的反映。

4. 关键绩效考核指标的明确全过程

（1）创建评价指标管理体系。

可依照从宏观经济到外部经济的次序，先后创建各个指标管理体系。最先确立公司的发展战略，找到公司的业务流程关键，并明确这种重要业务流程行业的重要销售业绩指标（KPI），进而创建公司级 KPI。下面，各单位的负责人必须根据公司级 KPI 创建运维安全 KPI。随后，各单位的负责人和单位的 KPI 工作人员一起再将 KPI 进一步分解为更细的 KPI。这种销售业绩考量指标便是员工绩效考核的因素和根据。

（2）设置评价指标。

一般来说，指标指的是以哪几个方面来对工作开展考量或评价；而规范指的是在每个指标上各自应当做到哪些水准。指标处理的是大家必须评价"哪些"的难题，规范处理的是被考核者做得"如何"和"是多少"的难题。

（3）审批关键绩效考核指标。

对关键绩效考核指标开展审批的目的主要是更好地确定这种关键绩效考核指标是不是可以全方位、客观性地体现被评价目标的工作绩效，及其是不是适用于评价实际操作。

2.2.2.4　平衡计分卡

1. 平衡计分卡的含义

平衡计分卡（The Balanced Score Card，BSC），便是依据企业的管理的发展战略规定而精心策划的指标管理体系。依照卡普兰和诺顿的见解，"平衡计分卡是一种绩效考核管理的专用工具。它将公司发展战略逐级分解转换为各种各样实际的绩效考评指标管理体系，并对这种指标的完成情况开展不同时间段的考评，进而为公司发展战略的实现创建起靠谱的基础"。

2. 平衡计分卡的发源

平衡计分卡是于 20 世纪 90 年代初由哈佛大学商学院的约翰逊・卡普兰（Robert Kaplan）和诺朗诺顿研究室（Nolan Norton Institute）、英国振兴全球化战略集团公司创办人兼首席总裁杰弗里・诺顿（David Norton）所从事的一种有关"未来组织绩效考量方式"的科学研究。那时候该方案的目的是找到超过传统式的以会计度量为主导的绩效评估方式，以使组织的"对策"可以变化为"行动"，然后该绩效评估方式慢慢发展变成一种全新升级的组织绩效管理方案。

平衡计分卡摆脱了传统式的单一应用会计指标考量销售业绩的方式，而在会计指标的基础上添加了未来推动要素，即顾客要素、内部运营管理全过程和职工的学习成长，在集团公司战略发展规划与实行管理工作中充分发挥十分关键的作用。依据表述，平衡计分卡主要是根据图、卡、表来完成发展战略的整体规划。

3. 平衡计分卡的本质属性

（1）平衡计分卡是一个系统化的发展战略管理体系，是依据系统论创建起来的智能管理系统。平衡计分卡是一个关键的企业战略管理与实行的专用工具，是在对公司整体战略定位达成一致的基础上，根据设计方案执行，将其四个视角的总体目标及其原始行动方案合理地融合在一起的一个企业战略管理与执行管理体系。它的主要目的是将企业发展战略转换为实际的行动，以形成公司的核心竞争力。

（2）平衡计分卡是一种优秀的业绩考核考量的专用工具。平衡计分卡将发展战略分为四个不一样视角的运行总体目标，并以此四个视角各自设计适当的绩效考核指标。因而，它不仅给予了公司合理运行所必不可少的信息，摆脱了信息的繁杂性和不可逆的影响，更关键的是，它给予公司的这种指标具备可量化分析、可度量、可评定性，进而更有益于公司开展全方位、系统的监管，推动企业发展战略与发展前景总体目标的达成。

（3）平衡计分卡是一种沟通交流专用工具。它是一个精心策划的清楚而合理的绩效考核指标，清晰地描述特定的发展战略并使抽象性的发展前景与发展战略越来越惟妙惟肖。

（4）平衡计分卡绩效考核重视指标之间的逻辑关系。平衡计分卡与其他绩效考核管理系统的区别在于重视逻辑关系。

4. 平衡计分卡的基本内容

平衡计分卡中的目标和评定指标来自组织发展战略，它把组织的重任和发展战略转换为有形化的目标和衡量指标。BSC中顾客层面，管理人员们确定了组织即将参加市场竞争的顾客和销售市场一部分，并将目标转化成一组指标，如市场占有率、顾客吸引率、顾客获得率、客户满意度、消费者盈利水平等。BSC中的内部运营全过程方面，为吸引目标销售市场上的顾客，达到公司股东对财务收益的规定，管理人员需关心对顾客满意度和完成组织财务目标影响较大的内部全过程，并因此开设衡量指标。BSC中的学习培训和发展层面确定了组织为了更好地完成长期性的销售业绩而务必开展的将来的项目投资，包含对员工的工作能力、组织的信息管理系统等层面的衡量。组织在以上各层面取得的成功务必转换为财务上最后取得的成功。产品品质、进行订单信息时间、生产效率、新产品研发和顾客满意度层面的改善只有转换为销售总额的提升、经营费用的降低和总资产周转率的提升，才可以为组织产生效益。因而，BSC 的财务层面列出了组织的财务目标，并衡量发展战略的执行和实行是不是在为最后的运营成效的改进做出贡献。BSC 中的目标和衡量指标是相互联系的，这类联系不但包含逻辑关系，并且包含结果的衡量和产生结果的全过程的衡量紧密结合，最后体现组织发展战略。

5. 平衡计分卡基本理论

事实上，平衡计分卡方式摆脱了传统式的只重视财务指标的销售业绩管理方案。平衡计分卡认为，传统式的财务会计方式是衡量以往发生的事（落伍的结果要素），但没法评定组织创新性的项目投资（领先的推动要素）。在工业革命，重视财务指标的管理方案或许是合理的。但在信息社会里，传统式的销售业绩管理方案并不全面，组织务必根据在顾客、经销商、职工、组织流程、技术性和创新等层面的项目投资，得到不断发展的驱动力。恰好是根据这样的原则，平衡计分卡方式认为，组织需从四个视角思考自身销售业绩：自主创新与学习培训视角、内部流程视角、消费者视角、财务视角。

平衡计分卡体现了财务、非财务衡量方式的均衡、长期性目标与短期内目标之间的均衡、外界和内部的均衡、结果和全过程的均衡、销售业绩和经营业绩的均衡等好多个层面，因此能体现组织综合性经营状况，使业绩考核趋向均衡和健全，有益于组织长期发展。

6. 平衡计分卡的优势

平衡计分卡不但是一种管理方法，也展现了一种管理理念，即：只有量化分析的指标才算是能够考评的，务必将考评的指标开展量化分析；组织企业愿景的达到要考评各个方面的指标，不只是财务因素，还应包含顾客、工作流程、学习培训与发展。自平衡计分卡方式被明确提出以后，其对公司多方位的考评及关心公司长久发展的意识受到学术界与商业界的充分高度重视，很多公司试着引进平衡计分卡作为企业经营管理的专用工具。

执行平衡计分卡的管理方案关键有下列优势：

（1）摆脱财务评价方法的片面性；

（2）使全部组织行动一致，服务项目于发展战略目标；

（3）合理地将组织的发展战略转换为组织各层的业绩考核指标和行动；

（4）有利于各个职工对组织目标和发展战略的沟通交流和了解；

（5）有利于组织和职工的学习成长和核心理念的塑造；

（6）实现组织长久发展；

（7）通过执行 BSC，提升组织总体管理能力。

2.2.2.5　区域创新绩效

区域自主创新绩效是一个繁杂而普遍的定义，还没有较为一致的称呼。世界各国的一些科学研究工作人员从不一样的视角考虑，对区域自主创新绩效考核以及有关定义开展了解释说明。英国是最开始进行自主创新绩效考核指标管理体系科学研究的国家；经济发展协作与发展组织明确提出了有关搜集和表述自主创新数据信息的具体指导标准；欧盟国家从高新科技资金投入和高新科技绩效考核双方面对会员国的自主创新能力开展评价，该指标管理体系突显了人力资源管理在自主创新能力中的关键作用（杨志江，2007）。在中国的科学研究中，大多数选用因子分析及 DEA 法建立指标管理体系开展定量分析评价，但其中一些定义与国家标准不完全一致，如 R&D 经费预算来源、大型企业的定义等。

从实质上看，区域自主创新系统是一个典型的资金投入、产出全过程。区域自主创新的资金投入主要表现为工作人员、机器设备、资产等，产出主要表现为发明专利、商品、加工工艺方式等。区域自主创新的最终目的是推动区域经济发展和社会的发展。因而，对区域自主创新绩效考核的调查，不可以单纯性地调查其产出全过程，即区域自主创新高效率，还需要调查区域自主创新最终对经济发展和社会经济发展的奉献，即区域自主创新的实际效果，只研究任何一方面都是片面性的。因而，区域自主创新绩效考核的含义包含两个层面，即区域自主创新高效率和区域自主创新实际效果。区域创新活动的产出要高、效率要高，即资金投入的资源要获得合理运用；区域创新活动要可以推动区域经济发展和社会经济发展，即产出的成果获得合理运用。区域自主创新绩效考核应该是以上两个层面的综合性体现。

2.2.3　企业创新绩效的相关研究现状

创新绩效考核是考量企业生产制造经营效果的一项关键指标，紧紧围绕创新生态系统的有关专业知识取得的有关创新绩效考核的研究成果也十分丰富。创新生态系统作为一个大的网络体系结构，有关该网络体系结构对创新业绩考核的影响情况各不相同。比如在意大利加工制造业的数据统计分析中，涅托和圣塔马法（Nieto and Santamarfa，2007）强调，创新网络的合作水平正向作用于企业创新绩效考核. 此外，一些研究却表明，创新网络对企业创新绩效考核的推动没有明显的作用。比如，拉森和马尔姆伯格（Larsson and Malmberg，1999）对德国的机械设备和生产制造领域的研究结果显示，互联网对创新绩效考核没有正向影响。

以上是从创新生态系统的协作网络视角对创新绩效考核进行的研究，一部分专家学者以企业创新能力为突破口，研究其对创新绩效考核的影响机理。比如王金凤等（2014）开创了三个层面来考量创新绩效考核，包含产品创新运用成效、商品和服务项目创新类型、成本费及转型的速率。杨红霞（2018）等选取了五大方面来测评辽宁省地区区域创新，主要内容包括知识创新、技术创新、资源管理能力创新、人才创新、制度创新。

关于创新绩效本身的研究成果也较为丰富，主要集中在创新绩效的评价方面。例如，黄杜鹃等（2016）研究了主动组织遗忘、吸收能力与创新绩效的关系，有助于企业深入理解主动组织遗忘的重要性及其如何通过吸收能力对企业创新发挥作用。杜维（2015）从服务企业创新产出、新（改进）服务或产品的经济社会效益、市场竞争能力和创新管理人才培养四个维度构建了服务技术创新工作绩效考核评价指标体系。

综合上述研究结果来看，围绕创新生态系统展开的对企业创新绩效的研究正在不断完善。本书将结合创新生态系统的相关理论，结合时代背景和数据研究，对企业创新绩效的影响因素做进一步研究，根据研究结果，为提高企业创新绩效提出针对性的建议。

2.3　企业创新效率相关理论及研究现状

2.3.1　企业创新效率相关理论

2.3.1.1　企业创新理论

创新是一种思维过程也是一种物质产出，在经济社会中，新产品和服务的诞生都是创新的衍生物。在现有特殊的环境背景下，创新也可以是人突破常规的思维和见解。

在《经济发展理论》这一著作中，熊·彼得（Peter，1993）首次提出关于创新这一理论概念，后续研究者根据经济的发展将相关理论不断进行拓展延伸。创新发展是任务活动和思维的结合体，它涉及生产、发展、管理等一系列活动（Jesse McCartney，2011），就创新理论发展这一过程而言，它经过了几代的演练和革新，这一过程始终悬于市场的交易，而革新只是市场为了调节适应环境而被动接受技术创新变革。

罗斯维尔（Rosevear，2002）提到，在市场和技术的共同刺激下，引发了创新这一过程。而科研经费投入与高新技术产业国内市场产出对经济发展也具有正向显著效果（张婷等，2020）。综合看出，创新不断广泛、复杂而精细，它衍生于价值链的方方面面。企业的创新经过了几代的变革，开始从原来较为封闭的状态向合作、开放式过渡，创新主体之间的联系，经济和信息的交流更加频繁。

（1）创新资源来自多方面。

一个企业作为市场上最活跃的创新分子，面对激烈的市场竞争和产品的不断更新换代，无法完全拥有和调配市场资源（Horwitch Loeem，2016），为了支持创新，企业不得不多方联系创新主体，从而产生协同效应。

（2）创新管理模式和结构的结合。

创新不仅要求从机构的内部开始，由上至下贯彻创新理念，同时要求企业需求与市场相匹配（Armand Bill，2017），采取相适应的管理模式进行产品和服务的创新和调度。

（3）内外部组合。

效率转换来源于内部机构的搭建，包括人力、物力、信息、资本等。集群内每个企业也要充分联合外部背景，提高从集群内外部创新主体中获取资源的效率（康健，2015），降低创新成本，提高创新效率。

2.3.1.2　创新效率理论

创新是指人们为了更好地达到目的，持续扩展对客观事物以及自身的认知能力与个人行为的全过程和结果的主题活动。或者说，自主创新就是指人为了达到更高目的，遵照事情发展的规律性，对事情的总体或其中的一部分开展转型创新，进而使其得到升级与发展的活动。自主创新效率就是指自主创新个人行为的投入产出率。

有多种要素影响自主创新效率的提升，可将这种要素划分为两大类：一是内部效率，即各分系统内管理全过程的效率；二是外界效率，即分系统之间协作与沟通交流等方式的效率。显而易见，自主创新效率，首先在于自主创新系统的内部效率，与此同时还在于各分系统之间协作与沟通交流的效率，二者的融合使自主创新变成一个有机的整体。

不断创新一个从科学研究开发、设计到生产和销售的传动链条，它的完成需要一个社会性的管理体系和一系列中间商。一个国家自主创新系统效率的高低主要受下列多个要素的影响：

（1）要有优良的制度环境，其主要取决于政府部门与市场经济体制的相辅相成。但凡市场经济体制可以充分发挥的行业和层面，就由销售市场充分起作用，在销售市场无效或低效能的行业则通过政府部门干涉，多方面填补，以降低各分系统中潜在机会主义个人行为，减少协作自主创新的交易费用，提升系统融合度。

（2）政府部门激励各分系统间提升联系的具体办法，首先是造就有益于协作的制度环境，尤其是法律法规环境。一是完善法律；二是充分发挥监管与管束的作用，确保各分系统间的长期合作关系。

（3）政府部门给予一系列激励协作的政策优惠和相对应的服务，

如税收减免、资产适用、技术服务、人员管理。其中非常值得关心的是，一是充分发挥政府部门在促进协作方面的关键作用，并根据我国工程项目管理中心基本建设方案、公司研究中心方案等激励高校、科学研究组织同公司共创工程项目研究所、研究中心等。二是根据推进科技体制、教育制度和公司管理制度改革创新，正确引导、激励科研院所进到公司，使其变为公司或服务企业的科研开发管理中心。三是激励中小企业尤其是高新技术中小企业的创新活动。

（4）必须开展技术革新中介机构的社会性和产业发展，进而创建有益于自主创新的社会发展保障体系。具体方法包含：由政府部门开设一些创新咨询服务站，给予公司产业技术发展趋势的信息，辅助对技术开展评价，给予企业自主创新管理的专业知识；创建高新科技咨询研究会，与此同时制定咨询顾问、技术经纪人的资质评定和管理条例、培训管理制度、岗位标准等，以实现规范性、制度化管理；激励高等院校、科研单位、公司、社团组织创建各种各样服务项目组织，激励一批科研院所向服务型科技企业发展，激励生物学家、技术工程师进行业余组服务咨询活动，努力推动技术革新中介公司服务业的发展。

2.3.2　企业创新效率的相关研究现状

前人的研究多从理论上提出了创新生态系统的新内涵，在此基础上挖掘生态系统的演化、运行等。在创新生态系统中，企业是创新活动的基本主体，也是整个系统中最关键、最核心的要素。企业在政府的指导下，通过将知识和技术转化为产品或服务并通过市场赢得竞争优势，创造经济价值。然而，在现有环境下，企业多暴露出创新活动不合理、不规范、资源缺乏协调、自身动能不足的问题。因此企业创新效率的提高是关乎国家创新战略的有效实施、推进创新生态系统建设的重要问题。

学者们从创新生态系统的组织框架、生态模型、创新技术等不同视角，对企业效率的提高展开分析研究，建立起基本理论架构。

基于生态系统的观点，蒋石梅、吕平（2009）等认为，企业无法独自拥有所需的全部必备资源，且创新的环境不是在真空之中的，创造良好的创新环境必须在生态系统中充分吸纳资金、人才资源，包括合作伙伴。

霍维茨（2015）则通过建模和数据的实际论证，认为这种由机构和个人共同构成，同时具有松散、开放性的经济系统，造成了企业与非企业越来越依附于内外部资源，从而最终得出研究结论，创新的关键在于技术、在于整合资源。

史竹生（2018）基于生态的视角，运用 DEA 模型，对每一个生态系统里的独立个体进行单独定位，确定了产品研发资源投入、技术创新成果转化的生态协同进化。由此得出，企业生态为对企业的创新效率的提升起着决定性的关键作用。

通过综合梳理分析文献可以发现，多数学者的研究仍停留在理论研究阶段，强调创新主体之间相互联系，研究大多从某一些单一方面对创新生态系统进行剖析论证，研究其演化和过程，少有从创新生态系统视角出发，探索在其内部，企业作为创新主体如何被影响和发挥作用之间的联系，已有的论证也是对企业的创新能力和创新绩效采取绝对的指标进行度量，而没有多维度标准定量资源投入和产出转化。在创新生态系统背景下，企业的核心目标是将所拥有的可调配的资源以及信息技术转化，实现成果创造。结合时代背景和数据研究，我们将创新生态系统作为重要的支持力量，阐述创新生态理论，剖析影响创新效率的因素，为提高企业创新效率提供方向和对策。

第3章 创新生态系统视角下创新网络对企业创新绩效的影响研究

3.1 创新生态系统视角下创新网络对企业创新绩效影响的参数分析

3.1.1 协同创新网络

3.1.1.1 协同创新网络的特点

协同创新网络是对创新生态系统网络的具体、深化阐释。协同创新网络是以创新主体为网络节点，强调了创新主体在技术、信息、组织、知识、管理等多个元素交互作用下的相互联系、广泛交流和协作合同。创新生态系统内存在多个创新主体，这些主体不是完全孤立存在的，而是相互联系、相互影响的，协同创新网络正体现了创新生态系统这一特点。它将创新生态系统视为一个包括参与者、信息、知识、技术等元素的网络体系，强调系统内的各个主体之间要广泛协作，加强彼此的技术、知识等信息的交流，促进系统内各要素资源的流动，提高系统内各要素资源的配置效率，以维持整个系统内主体的利益均衡，帮助创新生态系统内的创新主体实现良好的创新绩效和创新效率。

3.1.1.2 协同创新网络的形成

协同创新网络的出现为创新活动增添了新的活力，但是协同创新网络的产生并不是偶然的，它是基于人类社会发展的需要产生的。以我国为例，我国的中小型企业在企业总数中占较大比重，这些企业由于自身规模较小、能力方面有局限，所以在进行创新活动时会遇到资源短缺、资金不足的情况，这导致企业在进行创新活动时会遇到较大的问题而难以独立完成，在这种需求下，企业间的协作创新应运而生。对于协同创新网络的内涵多名学者都有解释，解学梅（2010）认为经济全球化发展使得技术日益复杂、技术创新的风险增加、单个实力缺乏的中小企业受到前所未有的挑战，所以创新开始趋于合作并且日益普遍，众多组织和机构等主体相互联系而逐渐形成了协同创新网络。因此协同创新网络是顺应经济发展的形势而出现的。

3.1.1.3 协同创新网络的发展阶段

协同创新网络的发展也经历了不同发展阶段，在协同创新网络形成初期，还没有网络的形成，只是简单的临时合作关系，当企业面临困境时会寻求其他企业或组织的帮助，相互之间的信任是这种关系建立的基础，这种信任也是企业进行协同创新的基础因素，如果缺乏相互信任，企业间的合作关系就难以维持。进入到协同创新网络理论创新和协同模式研究阶段，学者开始转换视角，把社会关系作为切入点，认为协同创新网络的主体之间相互作用、相互关联，彼此之间形成了复杂的社会网络，认为协同创新网络有其自身的运作规律和重要特征，并且这些特征会在一定程度上影响企业的创新活动。

3.1.2 协同创新网络特征

3.1.2.1 创新网络开放性

首先提出开放式创新概念的是美国学者切斯布洛（Chesbrough），他强调创新主体整合内外部创新要素对创新过程的重要意义。陈劲

（2014）指出在开放的创新网络下，创新主体之间没有明确的边界，每个企业、组织随时都能实现与外部资源的交流与共享。协同创新网络是涉及多个主体在多个层次、多个阶段、多个要素的合作，为了提升合作质量和创新效益，每个主体都应该保持开放性，吸收外部资源，增强创新能力，同时网络的开放性会吸引外部组织加入，打破协同创新网络中现有平衡，激发出新的创新切入点，这会对企业的创新绩效产生一定影响。

3.1.2.2 创新网络强度

协同创新网络强度是针对各个主体间的关系而言的维度，有强弱之分，强关系是指信息共享、频繁交流、长期合作的关系，弱关系是指缺乏交流、信息共享不充分、短期合作的关系。关系的强弱程度会对企业的创新绩效产生影响，学者们对关系强度与创新绩效之间的相关性各持己见，有人认为企业间的联结关系越强，信息资源的传播和共享程度就越高，企业间的合作程度加深，有助于企业在其他企业的帮助下突破创新瓶颈，取得创新成果。而一些学者则持有相反的观点，认为强关系会成为企业提高创新绩效的绊脚石，因为强关系中的企业联系紧密，相互信任、依赖，加上对于强关系中信息、知识、资源的保护，会排斥强关系之外企业的进入，这样会阻止外部新鲜血液涌入，使得强关系内的企业缺乏活力。

协同创新网络的关系强度对企业创新绩效的影响目前仍然是受争议的话题，学者研究的目的都在于通过调整企业间关系的强弱程度来提升创新绩效，企业创新绩效提升后产品的成本会相对降低或生产力提高，二者都会使得企业的成本减少，企业在更多利润和更大市场份额的驱动下就会适当降低产品价格。因此，协同创新网络强度对企业创新绩效有一定的影响作用。

3.1.2.3 企业机会识别能力

企业的机会识别能力是企业对来自内外部环境有利条件的总体把握能力，它是影响企业创新能力和产品质量的一个关键因素。创新生态系统是一个复杂的、包罗万象的系统，若企业能够在这一环境中善于把握机会，将会获得事半功倍的效果。探索企业的机会识别能力对企业的产品价格决策的影响，有利于帮助企业进行更好的决策，也为企业制定价格策略提供了依据。

企业机会识别能力对企业发展至关重要，要求企业必须重视对机会识别能力的挖掘和培养，而这就需要企业与协同创新网络中的其他创新主体合作交流，因为企业不是独立存在的个体。在这个协同体系内，企业只有与其他创新主体开展广泛合作、进行信息的交换，企业才能够有更大的概率获取一些重要的机会，这是培养和提升企业机会识别能力的必要前提。在获取了这些信息以后，企业还需要对获取的信息进行识别、辨别利弊、理清主次，特别要把握住对企业发展具有重要影响的关键信息，这能够帮助企业更好地识别机会、把握住有利的发展时机。

本书以当下识别机会能力对企业、国家的重要性为出发点，运用静态博弈理论建立数学模型，分析企业在机会识别过程中形成"囚徒困境"的原因以及建立价格决策机制的必要性。随后基于现实中决策者博弈的重复性建立动态演化博弈模型，分析企业机会识别过程中相关因素对价格决策的影响，从而有针对性地提出一套企业间价格决策机制，以维持机会识别能力在不同企业间的运营平衡，减少资源浪费，合理利用资源，从而使企业、行业的机会识别水平得以提升，进而提升企业的整体创新绩效。

3.2　协同创新网络的开放性对企业价格稳定性的影响

3.2.1　协同创新网络的开放性与企业价格稳定性的关系

3.2.1.1　研究背景

1. 时代背景

随着经济全球化的发展，资源在全球范围内进行配置，信息技术和互联网的快速发展使得信息传播速度加快，原有生产经营方式已经失去发展活力，因此，在新的时代背景下突破传统生产经营方式的束缚来进行创新成为中国经济发展新的推动力。对企业而言，不创新的企业是没有持续生命力的，在现如今产品更迭迅速的市场中，一成不变的企业很容易被淘汰，创新能力是企业立足于市场的重要因素，而企业是技术创新的物质载体。企业核心竞争力的重要衡量指标就是技术创新能力，但是由于技术创新成本高，研发周期长，创新收益具有不确定性，加上我国小微企业所占比重较高，所以很多企业由于自身规模和资源的限制无法进行创新活动或者在创新绩效提高上面遭遇瓶颈。但是，如果多个企业、组织一起参与技术创新，互通有无，深化交流，进行信息、资源共享，将会极大提高创新绩效，突破创新难题，获得创新成果。加之国家提出重视技术创新的方针，所以网络条件下的协同创新和共享已经成为未来经济发展中的大势所趋，协同创新网络就是在这种条件下产生并得到发展。

2. 发展阶段

协同创新网络的发展也经历了不同发展阶段，在协同创新网络形成初期，还没有网络的形成，只是简单的临时合作关系，当企业面临困境时会寻求其他企业或组织的帮助，相互之间的信任是这种关系建立的基础，这种信任也是企业进行协同创新的基础因素，如果缺乏相互信任，企业间的合作关系就难以维持。进入到协同创新网络理论创新和协同模式研究阶段，学者开始转换视角，把社会关系作为切入点，认为协同创新网络的主体之间相互作用、相互关联，形成了复杂的社会网络，并认为协同创新网络的结构特征作为一个重要因素，会影响企业的创新绩效。

3. 协同创新网络对整个集群市场的作用

协同创新网络辐射区域广，所涵盖的主体的种类和数量很多，集群市场是其中的一个重要组成部分。所谓集群市场，就是由位于相同的地理环境中有相互竞争关系的企业组合聚集而成，他们向市场内所提供的产品和服务具有不同程度的替代性，因此，协作创新可以提高整个集群市场的技术水平，为整个市场带来效益。所以集群市场是协同创新网络发展的重要组织载体，也是协同创新网络中重要的一环，集群市场中最受大家关注的就是价格，因此集群市场价格也是学者们研究的热点。

3.2.1.2　研究现状

1. 国外研究现状

安索福（Ansoff，1965）在 1965 年首次提出协同的概念，他指出协同是通过某种手段和规则将相对独立的个体联结成一个整体，在整体中实现信息资源共享，最终实现整体的共同目标。从外部特征上来看协同的概念，其实就是企业间交流互动、开展合作、整合互补性资源的过程。

巴特尔特（Bathelt，2004）等则认为集群网络的主体是在某一特定区域中由于生产经营的相似和关联集合在一起的企业，企业之间由于生产经营上的共同之处，存在着竞争与合作。这说明集群市场中企业的关系不是单一的，既有合作关系又存在竞争关系，找到稳定的市场价格可以保持企业间竞合关系的稳定，企业可以追求更大的竞争与合作效益。

欧尼拉·万达·马耶塔（Ornella Wanda Maietta，2015）以产业集群内核心企业的差异为依据，将协同创新网络分为两大类：一种是传统产业集群协同创新网络，另一种是高技术产业集群协同创新网络。这一分类可以让我们在研究协同创新网络时具体类型具体对待，使我们的研究更贴近现实状况。

雷姆等（Rehm S. V. et al.，2016）重点研究中小企业如何适应协同创新网络的过程，在这一过程中如何利用知识管理来应对建立合作关系、整合合作伙伴价值和设置创新目标及自我定位这三大挑战，并描述了知识管理机制在协同创新过程中的重要作用。这对集群市场中企业伙伴关系的建立及整合互相价值提供了一定的参考价值，有利于维持集群市场价格的稳定性。

2. 国内研究现状

崔永华和王冬杰（2011）将协同创新网络分成垂直协作型和水平交互型，垂直协作型是由顾客、企业、供应商之间形成的链条式的协同创新网络，水平交互型是由企业、高校、科研机构等形成的，两类协同创新网络划分的依据是主体的不同特征。也有其他学者从相似角度划分，方炜和王莉丽（2018）从主体的特征视角将其划分成产业集群协同创新网络和产学研协同创新网络，前者的主体是企业，各个企业是由于利益联结起来的，而后者是由不同的组织，例如高校、企业、政府等组合而成，大多是为了实现知识资源的共享以及技术的传播和应用。

刘丹（2013）对协同创新网络的内涵与特征展开研究，揭示了不同条件下协同创新网络的结构特点，发现了协同创新网络具有灵活性、多样性的特点。协同创新网络的多样性、灵活性使得集群市场的内外部环境复杂多变，从而集群市场价格的稳定性受到影响，并呈现出动态性、变化的特点。

王姝（2014）等认为协同创新网络是基于市场原则形成的，是各个经济主体基于经济人假设，为了在市场上获得物质利益、追求自身持续发展、增强竞争力自发组成和参与的集合。建立在这种目的上形成的协同创新网络会激发集群市场中企业的竞争与合作意识，促使相互之间进行信息的流通和传播，为最终稳定价格的形成提供数据和信息支持。

胡平（2016）认识到了当前对协同创新研究的不足之处，认为目前关于协同创新的研究多数是考察某一产业、某一地区的某一个协同创新中心的具体的创新机制、竞争优势、集群升级，缺少从整体发展的视角进行的分析，鲜见从社会网络以及复杂网络可视化视角的分析。

任洁（2019）提出，在市场的不断发展下，创新活动不再是以前由单一主体独立开展的方式进行，而是多个主体开放合作，形成多元化的协作网络的模式，这使得集群市场间的联系日益紧密，因此，单一企业的价格变化会影响到集群市场中其他企业。所以，保持稳定价格对市场有重要意义。

同样有学者对集群市场中企业的价格博弈进行研究，陈旭和李仕明（2007）指出产业集群内企业的产量与技术创新水平正相关，技术创新水平的提升会降低单位产品的成本和市场价格，产品所占市场份额越大。龙剑军和赵骅（2015）分析了集群溢出对离散动态系统下价格均衡的影响，研究表明提高集群溢出有利于维持有限理性寡头企业产品价格的稳定以及预防混沌市场的出现，增加博弈达到纳什均衡的可能性。王凤莲和赵骅（2018）在考虑技术溢出的距离衰减效应基础上建立起集群内采用 Naive 和 GD 策略的双寡头企业的价格动态博弈模型，指出技术创新下，间距较小的企业间的竞争更易实现价格均衡。

3. 研究发展趋势

基于对以往学者研究的分析发现，协同创新网络的研究也顺应了传统的研究趋势，并且遵循循序渐进的方式，从一开始浅显探究形成机制和外部特征到后来研究协同创新网络的内在结构，从对单一节点或局部特征的研究转向对整体网络及其协同关系的研究，逐渐深入且专业化。初期对协同创新网络的研究在于表面特征，比如组成部分、内部结构、影响因素等，分析了协同创新网络的形成过程。之后的研究开始深入到协同创新网络的内在结构和属性，对协同创新网络的研究重点放在网络的运行和治理机制上，分析协同创新网络特征对创新绩效的影响。很多学者注意到知识经济时代知识共享对协同创新网络研究的意义，这些研究是在网络分类研究的基础之上进行的。随后研究范围开始从局部对象扩展到整体模型，从定性分析转变为定量研究，并且对协同创新网络模型的研究也延续了一个由分类到描述的过程，对企业价格博弈的研究以双寡头企业的价格博弈为载体而展开，假设双寡头企业分别采用 Naive 和 GD 策略进行动态博弈分析。

4. 现有研究的缺口

在学者以往对价格的研究中都会考虑到外部环境的影响，但是没有具化到协同创新网络这一具体领域中，协同创新网络的研究重点多在于如何提高创新绩效，两者之间没有建立起直接联系。我们通过梳理以往文献资料得出，协同创新网络的特征会影响企业的创新绩效和价格调整速度，创新绩效和价格调整速度又会影响集群市场价格的稳定性，因此，我们提出协同创新网络的特征会对集群市场的价格稳定性产生影响的假设。

本节将在创新生态系统视角下探究协同创新网络的开放性如何影响企业的价格稳定性。在分析协同创新网络的特征对企业绩效的影响之前，我们需要首先了解企业的价格稳定状况与企业创新绩效的联系。

3.2.1.3　企业的价格稳定状况与企业创新绩效的关系

在前面的学习中我们了解到协同创新网络的特征，认识到协同创新网络的开放性特征对企业发展的重要性，它强调企业要加强与系统内的创新主体的交流，企业之间要相互学习，以减少企业在创新管理活动中的成本支出，提高企业的创新效率，这必然会对企业的产品价格产生影响，特别是对产品价格稳定性的影响，因为企业的创新活动会在一定程度上对产品的生产成本产生影响，企业会据此适时地调整产品价格，这就涉及产品价格的稳定性。协同创新网络通过影响企业的产品定价行为，进而通过产品价格的变化对企业的创新活动成果产生作用，研究创新网络的特征通过产品价格稳定性对企业创新绩效产生的影响是有价值的。

在大力倡导创新、通过创新驱动发展的时代背景下，企业提升创新能力和创新绩效并将创新成果运用于实际生产中的现实需求也越来越紧迫，企业在响应创新的号召中需要加大企业对研发的投入，企业对研发的投入往往会降低产品的生产成本。企业的产品价格受到来自企业内外部因素的作用，产品的价格稳定与否需要理性判断，因为这关系到企业的整体创新绩效。但是由于企业自身资源和能力的限制，技术创新和研发成本的投入较大，技术创新面临的风险也较高，因此难以进行技术创新和研发，于是，整合各方资源实现优势互补的协同创新网络应运而生，这有助于实现网络内资源的有效配置。协同创新网络在发展过程中形成了其独有的特征，这些特征对于处在网络中的集群市场产生了一定的影响。以集群双寡头的价格博弈分析为例，王凤莲和赵骅（2016）通过建立数学模型，进行数据模拟，得出协同创新网络特征对集群市场价格稳定性的作用机制。企业的价格稳定区域越大，则企业的技术投入获得的技术溢出效益越大。将企业对创新的技术参数考虑进来，建立相应的博弈模型，研究发现，技术创新产生的技术溢出效应会通过企业的创新成本的改变以及产量的调整，促使企业对产品的价格进行调整，影响到企业价格的稳定性，企业对产品价格调整的结果会最终体现到企业的整体绩效上，对企业的创新绩效也会产生重要的影响。企业的产品价格在稳定的状态下，企业的产量也更趋于均衡点，此点也是产品价格的均衡点，在产品产量和价格都处于均衡的状态下，企业利润最大，企业也会获得良好的创新绩效成果。

由此可以看出，企业在研发上的技术、知识等资源的投入会降低企业的创新成本。企业以利润最大化为目标，对企业的价格和产量进行调整以达到均衡稳定状态，有助于提升企业的创新绩效，所以企业价格的稳定状态关系到企业的创新绩效。

3.2.2　影响过程分析

协同创新利用信息、知识、数据的快速传播作为发展路径，是企业、高校、科研院所、政府部门等通过传递信息和共享资源，突破创新壁垒，提高创新绩效，获得创新成果的新兴创新模式。协同创新是当今信息技术快速发展的产物，通过协同创新，各个组织信息资源共享、互通有无，有利于整个行业创新水平的提升。

3.2.3　模型构建与分析

本节以双寡头企业为例，结合协同创新网络的开放性特征，建立博弈模型并进行数值模拟分析，分析其对双寡头企业价格博弈均衡和集群市场价格稳定性的影响。

3.2.3.1　协同创新网络的开放性对企业价格稳定性的影响博弈模型建立

假设双寡头企业为 1、2，两个企业生产产品 1、2 为有差异化的替代品，产品 1 和产品 2 的需求函数为：

$$Q_i = a_i - b_i p_i + \alpha p_j \tag{3.1}$$

式中，$a_i > 0$，$b_i > 0$，$i, j = 1$、2，$i \neq j$，其中 α 表示两个企业间产品的相互替代程度，α 越大表示两个企业的产品相互替代性越强。

企业 i 的成本函数为：

$$C_i = \frac{c_i}{1 + \lambda} Q_i \tag{3.2}$$

c_i 为企业 i 的边际成本，λ 为协同创新网络的开放性程度，$\lambda \geq 0$。可知企业 i 的利润函数为：

$$\pi_i = p_i Q_i - C_i = \left(p_i - \frac{c_i}{1 + \lambda} \right) Q_i = a_i p_i - b_i p_i^2 + \alpha p_i p_j - \frac{a_i c_i - b_i c_i p_i + \alpha c_i p_j}{1 + \lambda} \tag{3.3}$$

则边际利润为：

$$\frac{\partial \pi_i}{\partial p_i} = a_i - 2b_i p_i + \alpha p_j + \frac{b_i c_i}{1 + \lambda} \tag{3.4}$$

由 $\frac{\partial \pi_i}{\partial p_i} = 0$，可知企业 i 产品价格的最优反应函数为：

$$p_i = \frac{a_i + \alpha p_j + \dfrac{b_i c_i}{1 + \lambda}}{2b_i} \tag{3.5}$$

基于有限理性，假设企业 1 采取天真型（Navie）价格调整机制，认为企业 2 的产品下期价格与当期价格相同，不会调整，企业 1 就会依据最优反应函数对价格进行调整，则企业 1 的价格动态调整机制为：

$$p_1(t+1) = \frac{a_1 + \alpha p_2(t) + \dfrac{b_1 c_1}{1 + \lambda}}{2b_1} \tag{3.6}$$

假设企业 2 采取梯度动态型（GD）价格调整策略，即下一期的价格会根据当期的边际利润进行调整，当期边际利润的正负会决定下一期价格增加或减少，其价格动态调整机制为：

$$p_2(t+1) = p_2(t) + kp_2(t)\left(a_2 - 2b_2 p_2(t) + \alpha p_1(t) + \frac{b_2 c_2}{1 + \lambda}\right) \tag{3.7}$$

由式（3.6）、式（3.7）得集群内 Bertrand 竞争中不同价格调整机制下的离散动态系统：

$$\begin{cases} p_1(t+1) = \dfrac{a_1 + \alpha p_2(t) + \dfrac{b_1 c_1}{1 + \lambda}}{2b_1} \\ p_2(t+1) = p_2(t) + kp_2(t)\left(a_2 - 2b_2 p_2(t) + \alpha p_1(t) + \dfrac{b_2 c_2}{1 + \lambda}\right) \end{cases} \tag{3.8}$$

3.2.3.2　协同创新网络的开放性对企业价格稳定性的影响分析

如果想深入地分析式（3.8）中价格的演化轨迹，首先需要求出系统式（3.8）的均衡点。令：

$$\begin{cases} p_1 = a_1 + \alpha p_2 + \dfrac{b_1 c_1}{1+\lambda} \\ kp_2\left(a_2 - 2b_2 p_2 + \alpha p_1 + \dfrac{b_2 c_2}{1+\lambda}\right) = 0 \end{cases} \qquad (3.9)$$

其中，k 为价格调整速度，可求得两个均衡点 $E_1\left(\dfrac{a_1 + \dfrac{b_1 c_1}{1+\lambda}}{2b_1},\ 0\right)$ 和

$E_2(p_1^*,\ p_2^*)$，其中：

$$p_1^* = \frac{a_2\alpha + 2a_1 b_2 + 2b_1 b_2 \dfrac{c_1}{1+\lambda} + \alpha b_2 \dfrac{c_2}{1+\lambda}}{4b_1 b_2 - \alpha^2}$$

$$p_2^* = \frac{a_1\alpha + 2a_2 b_1 + 2b_1 b_2 \dfrac{c_2}{1+\lambda} + \alpha b_2 \dfrac{c_1}{1+\lambda}}{4b_1 b_2 - \alpha^2}$$

E_2 表示的是垄断均衡，双寡头状态不会演变成垄断状态，双寡头状态会一直保持下去。在经济学上来说，只有价格为正时才有意义，因此要使 $E_2(p_1^*,\ p_2^*)$ 为系统式（3.8）的纳什均衡点，必须有 $p_1^* > 0$，$p_2^* > 0$，即：

$$4b_1 b_2 - \alpha^2 > 0 \qquad (3.10)$$

下面探讨均衡点 E_1 和 E_2 的局部稳定性，系统式（3.8）的雅可比矩阵为：

$$J = \begin{bmatrix} 0 & \dfrac{\alpha}{2b_1} \\ k\alpha p_2 & 1 + k\left(a_2 - 4b_2 p_2 + \alpha p_1 + \dfrac{b_2 c_2}{1+\lambda}\right) \end{bmatrix} \qquad (3.11)$$

雅可比矩阵满足以下条件时均衡点局部稳定：有两个特征根 φ_1、φ_2，且 $|\varphi_1| < 1$，$|\varphi_2| < 1$。

将 E_1 点代入雅可比矩阵，可知其特征根为 $\varphi_1 = 0$，$\varphi_2 = 1 + k\left(a_2 + \right.$

$\left. \alpha \dfrac{a_1 + \dfrac{b_1 c_1}{1+\lambda}}{2b_1} + \dfrac{b_2 c_2}{1+\lambda}\right)$，显然 $\varphi_2 > 1$，所以均衡点 E_1 为鞍点。

将 E_2 坐标代入，其雅可比矩阵为：

$$J(E_2) = \begin{bmatrix} 0 & \dfrac{\alpha}{2b_1} \\ k\alpha p_2^* & 1 + k\left(a_2 - 4b_2 p_2^* + \alpha p_1^* + \dfrac{b_2 c_2}{1+\lambda}\right) \end{bmatrix}$$

矩阵的迹 $T = 1 + k\left(a_2 - 4b_2 p_2^* + \alpha p_1^* + \dfrac{b_2 c_2}{1+\lambda}\right)$，

行列式 $V = -\dfrac{k\alpha^2 p_2^*}{2b_1}$，

矩阵对应的特征多项式为 $P(\varphi) = \varphi^2 - T\varphi + V$。

要使 E_2 局部稳定，除了满足条件式（3.10）外，应有判别式 $\Delta = T^2 - 4V > 0$，并满足 Jury 条件：$\begin{cases} 1 + T + V > 0 \\ 1 - T + V > 0 \\ 1 - V > 0 \end{cases}$，证明得 $\Delta = T^2 - 4V > 0$，

$1 - T + V > 0$，$1 - V > 0$，因此 E_2 局部稳定条件是 $1 + T + V > 0$。

考察协同创新网络开放性程度对价格离散动态系统式（3.8）的演化影响，将原始系数代入后分析可得以下命题。

命题 3.1：当 $\lambda < \dfrac{k(2b_1 b_2 c_2 + \alpha b_1 c_1)(\alpha^2 + 4b_1 b_2)}{4b_1(4b_1 b_2 - \alpha^2) - k(\alpha^2 + 4b_1 b_2)(\alpha a_1 + 2a_2 b_1)} - 1$ 时，价格演化处于混沌或分岔状态，不存在均衡价格。当 $\lambda = \lambda^* = \dfrac{k(2b_1 b_2 c_2 + \alpha b_1 c_1)(\alpha^2 + 4b_1 b_2)}{4b_1(4b_1 b_2 - \alpha^2) - k(\alpha^2 + 4b_1 b_2)(\alpha a_1 + 2a_2 b_1)} - 1$ 时，均衡点 E_2 正在进行翻转分岔。当 $\lambda > \dfrac{k(2b_1 b_2 c_2 + \alpha b_1 c_1)(\alpha^2 + 4b_1 b_2)}{4b_1(4b_1 b_2 - \alpha^2) - k(\alpha^2 + 4b_1 b_2)(\alpha a_1 + 2a_2 b_1)} - 1$ 时，价格演化处于稳定状态，有 $0 \leq k < k^*$，k^* 为价格调整速度的均衡点，此时有均衡价格 $E_2(p_1^*, p_2^*)$。

即价格调整速度对企业价格的演化产生影响，双寡头企业的价格演化的倍周期分岔现象会由采用 GD 策略的企业较大的价格调整速度引起，导致集群市场中价格演化的混沌现象。所以企业只有保持较低的价格调整速度，才能获得纳什均衡这一价格博弈的最优结果。由命题 3.1 可知，$\lambda > \dfrac{k(2b_1 b_2 c_2 + \alpha b_1 c_1)(\alpha^2 + 4b_1 b_2)}{4b_1(4b_1 b_2 - \alpha^2) - k(\alpha a_1 + 2a_2 b_1)} - 1$

为离散系统式（3.8）的稳定区域。如果临界值 $\lambda^* = \dfrac{k(2b_1b_2c_2+\alpha b_1c_1)(\alpha^2+4b_1b_2)}{4b_1(4b_1b_2-\alpha^2)-k(\alpha^2+4b_1b_2)(\alpha a_1+2a_2b_1)}-1>0$，会导致当 $\lambda \in [0,$ $\lambda^*)$ 时价格演化处于混沌或分岔状态。在现实生活中，集群市场中的双寡头企业不会愿意让价格处于混沌或者分岔的状态，所以 $\lambda \geq 0$，因此当 $\lambda^* \leq 0$ 时，集群市场中寡头企业的价格演化处于稳定状态，即：

$$k(2b_1b_2c_2+\alpha b_1c_1)(\alpha^2+4b_1b_2)$$
$$\leq 4b_1(4b_1b_2-\alpha^2)-k(\alpha^2+4b_1b_2)(\alpha a_1+2a_2b_1) \qquad (3.12)$$

3.2.4　数值模拟及分析

为了验证上述模型的准确性和实用性，本节利用数值模拟分析的方法来形象直观地描述协同创新网络的开放程度 λ 对企业产品价格稳定性的影响，刻画出企业价格演化的轨迹。

3.2.4.1　仿真分析

在下面的分析中，取初始值 $(p_1(0), p_2(0))=(2, 2.5)$，在满足价格稳定区域的系数取值下，不同的初始值不会对网络开放程度的临界值 λ^* 造成影响。为价格博弈系统中其他参数赋值，令 $a_1=2$，$a_2=2$，$b_1=0.6$，$b_2=0.5$，$c_1=1.5$，$c_2=2$，$\alpha=0.2$。以下讨论 k（价格调整速度）取不同数值时式（3.12）的情况：

1. $k=0.5$ 时

将 a_1，a_2，b_1，b_2，c_1，c_2，α，k 值代入式（3.12）中，

左边 $=0.5 \times (2 \times 0.6 \times 0.5 \times 2+0.2 \times 0.6 \times 1.5) \times (0.2^2+4 \times 0.6 \times 0.5)=0.8556$

右边 $=4 \times 0.6 \times (4 \times 0.6 \times 0.5-0.2^2) \times 0.5 \times (0.2^2+4 \times 0.6 \times 0.5) \times (0.2 \times 2 \times 2 \times 0.6)=1.048$

此时不等式成立，$\lambda^*=-0.184$，现实情况中的 $\lambda \geq 0$，所以此时双寡头企业的产品价格处于稳定的状态，均衡价格为 $(p_1^*, p_2^*)=(3.230, 3.871)$。

2. $k = 0.6$ 时

将 a_1，a_2，b_1，b_2，c_1，c_2，α，k 值代入式（3.12）中，

左边 $= 0.6 \times (2 \times 0.6 \times 0.5 \times 2 + 0.2 \times 0.6 \times 1.5) \times (0.2^2 + 4 \times 0.6 \times 0.5) = 1.02672$

右边 $= 4 \times 0.6 \times (4 \times 0.6 \times 0.5 - 0.2^2) - 0.6 \times (0.2^2 + 4 \times 0.6 \times 0.5) \times (0.2 \times 2 + 2 \times 2 \times 0.6) = 0.7008$

此时不等式不成立，$\lambda^* = 0.465$，说明当 $\lambda < 0.465$ 时，双寡头企业价格演化处于混沌或者分岔状态。

3. $k = 0.55$ 时

将 a_1，a_2，b_1，b_2，c_1，α，k 值代入式（3.12）中，

左边 $= 0.55 \times (2 \times 0.6 \times 0.5 \times 2 + 0.2 \times 0.6 \times 1.5) \times (0.2^2 + 4 \times 0.6 \times 0.5) = 0.94116$

右边 $= 4 \times 0.6 \times (4 \times 0.6 \times 0.5 - 0.2^2) - 0.55 \times (0.2^2 + 4 \times 0.6 \times 0.5) \times (0.2 \times 2 + 2 \times 2 \times 0.6) = 0.8744$

此时不等式不成立，$\lambda^* = 0.0763$，这时价格演化处于混沌或者分岔状态，不存在均衡价格。

4. $k = 0.525$ 时

将 a_1，a_2，b_1，b_2，c_1，c_2，α，k 值代入式（3.12）中，

左边 $= 0.525 \times (2 \times 0.6 \times 0.5 \times 2 + 0.2 \times 0.6 \times 1.5) \times (0.2^2 + 4 \times 0.6 \times 0.5) = 0.89838$

右边 $= 4 \times 0.6 \times (4 \times 0.6 \times 0.5 - 0.2^2) - 0.525 \times (0.2^2 + 4 \times 0.6 \times 0.5) \times (0.2 \times 2 + 2 \times 2 \times 0.6) = 0.9612$

此时不等式成立，$\lambda^* = -0.070$，$\lambda > \lambda^*$，双寡头企业的产品价格居于稳定状态，有均衡价格。

5. $k = 0.5375$ 时

将 a_1，a_2，b_1，b_2，c_1，c_2，α，k 代入式（3.12）中，

左边 $= 0.5375 \times (2 \times 0.6 \times 0.5 \times 2 + 0.2 \times 0.6 \times 1.5) \times (0.2^2 + 4 \times 0.6 \times 0.5) = 0.91977$

右边 $= 4 \times 0.6 \times (4 \times 0.6 \times 0.5 - 0.2^2) - 0.5375 \times (0.2^2 + 4 \times 0.6 \times 0.5) \times (0.2 \times 2 + 2 \times 2 \times 0.6) = 0.9178$

此时不等式不成立，$\lambda^* = 0.0021$，双寡头企业的产品价格演化处

于混沌或者分岔状态，没有均衡价格。

6. $k = 0.5374$ 时

将 a_1，a_2，b_1，b_2，c_1，c_2，α，k 代入式（3.12）中，

左边 $= 0.5374 \times (2 \times 0.6 \times 0.6 \times 2 + 0.2 \times 0.6 \times 1.5) \times (0.2^2 + 4 \times 0.6 \times 0.5) = 0.9197601$

右边 $= 4 \times 0.6 \times (4 \times 0.6 \times 0.5 - 0.2^2) - 0.5374 \times (0.2^2 + 4 \times 0.6 \times 0.5) \times (0.2 \times 2 + 2 \times 2 \times 0.6) = 0.9181472$

此时不等式不成立，$\lambda^* = 0.0017$，双寡头企业的价格演化处于混沌或分岔状态，不存在均衡价格。

7. $k = 0.5373$ 时

将 a_1，a_2，b_1，b_2，c_1，c_2，α，k 代入式（3.12）中，

左边 $= 0.5373 \times (2 \times 0.6 \times 0.5 \times 2 + 0.2 \times 0.6 \times 1.5) \times (0.2^2 + 4 \times 0.6 \times 0.5) = 0.91942776$

右边 $= 4 \times 0.6 \times (4 \times 0.6 \times 0.5 - 0.2^2) - 0.5373 \times (0.2^2 + 4 \times 0.6 \times 0.5) \times (0.2 \times 2 + 2 \times 2 \times 0.6) = 0.9184944$

此时等式不成立，$\lambda^* = 0.0010$，企业价格演化处于混沌或者分岔的状态，不存在均衡价格。

8. $k = 0.5372$ 时

将 a_1，a_2，b_1，b_2，c_1，c_2，α，k 值代入式（3.12）中，

左边 $= 0.5372 \times (2 \times 0.6 \times 0.5 \times 2 + 0.2 \times 0.6 \times 1.5) \times (0.2^2 + 4 \times 0.6 \times 0.5) = 0.91925664$

右边 $= 4 \times 0.6 \times (4 \times 0.6 \times 0.5 - 0.2^2) - 0.5372 \times (0.2^2 + 4 \times 0.6 \times 0.5) \times (0.2 \times 2 + 2 \times 2 \times 0.6) = 0.9188416$

此时等式不成立，$\lambda^* = 0.0005$，企业价格演化处于混沌或者分岔的状态，不存在均衡价格。

9. $k = 0.5371$ 时

将 a_1，a_2，b_1，b_2，c_1，c_2，α，k 值代入式（3.12）中，

左边 $= 0.5371 \times (2 \times 0.6 \times 0.5 \times 2 + 0.2 \times 0.6 \times 1.5) \times (0.2^2 + 4 \times 0.6 \times 0.5) = 0.91908552$

右边 $= 4 \times 0.6 \times (4 \times 0.6 \times 0.5 - 0.2^2) - 0.5371 \times (0.2^2 + 4 \times 0.6 \times 0.5) \times (0.2 \times 2 + 2 \times 2 \times 0.6) = 0.9191888$

此时不等式成立，$\lambda^* = -0.0001$，市场中双寡头企业产品的价格演化处于稳定状态，存在均衡价格。

总结 k 取不同数值时对应的 λ^* 的值以及不等式成立与否的情况如表 3 - 1 所示：

表 3 - 1 k 不同取值讨论

k	0.5	0.525	0.5371	0.5372	0.5373	0.5374	0.5375	0.55	0.6
λ^*	-0.184	-0.070	-0.0001	0.0005	0.0010	0.0017	0.0021	0.0763	0.465
不等式	成立	成立	成立	不成立	不成立	不成立	不成立	不成立	不成立

3.2.4.2 仿真结果

总结前面当 k 取不同值时对式（3.12）的检验情况来看，以双寡头企业为例，企业产品价格的动态演化轨迹受到初始条件的值的影响，在其他系数相同的情况下，企业的价格调整速度 k 和协同创新网络的开放性程度 λ 一同决定了价格离散系统的演变运动轨迹。调价速率的赋值将决策企业商品的价格演变在协作创新互联网对外开放程度小的状况下是不是处在平稳情况，依据对值的探讨全过程得到，当互联网对外开放指数处在 0 周边时，价格演变各自处在杂乱、倍周期时间分叉及其平稳情况。进一步由标准式（3.12）测算得知，那时候，寡头垄断市场企业商品的价格演变运动轨迹可能一直处在平稳情况。

价格离散系统的离散系统特点决策了价格演变对状态变量的敏感度。3.2 节中的探讨表明了调价速率和互联网对外开放水平指数的赋值对价格演变的危害，同样地，别的指数原始赋值的细微差别也会产生事后调价的差别。综合性看来，离散变量动态性系统软件中 2 个企业的互相取代水平、调价速率、互联网对外开放水平及商品产品成本等系统软件主要参数一同决策着价格的动态性演变运动轨迹以及最后情况。假如系统软件主要参数的赋值达到维持价格平稳的规定，那么企业的产品报价会处在平稳的情况，假如系统软件主要参数的赋值没有维持在价格平稳的区间内，会造成价格演变杂乱或是分叉的状况。网络开放性程度对企业的价格稳定性有重要意义，当网络开放性达到临界点时，可以使得原本处在混沌或者分岔状态下的价格演化开始趋于稳定，比如当 $k = 0.55$ 时，如果网络开放性程度低于 0.465 时，价格演化处于混沌或者分岔状态，但是当开放性程度高于 0.465 时，企业的价格演化有机会趋向于稳定。理论上来说，λ 取值越大，价格演化处于稳定状态的稳定区域越大，协同创新网络的开放性对企业价格稳定性有重要影响。

3.2.5　结论与展望

本节根据协同创新网络的特征维度，基于有限理性的基础上，选取网络开放性为代表性特征，建立双寡头企业分别采用 Navie 和 GD 策略情形下的价格博弈动态模型，探究保持企业价格稳定的方法。企业的价格稳定性对价格调整速度和创新绩效产生影响，而价格调整速度和创新绩效又反作用于企业的价格稳定性。基于对以上问题的研究探讨，我们得出了以下结论：

（1）企业为了获得更大的经济效益，必然会向着深层次、多方面、大范围的合作方向发展，尤其是在技术创新这一周期长、投入大、收益不确定的活动中更需要展开协同合作，由此协同创新网络应运而生。合作是建立在资源共享和优势互补的基础上的，企业间在技术、产品或者服务上存在共通之处，这是协同创新网络具有同质性的表现。协同创新网络的发展是由几个简单的节点慢慢扩散发展成辐射广大地区和企业的网络的，网络规模越大，网络中流通的信息资源合计数就会越多，单个企业融合外部资源的程度和能力加强，为创新提供动力和支持，推动创新发展，所以网络规模也是协同创新网络的一大重要特征维度。协同创新网络是一个由各个节点相互联结形成的整体，但是网络内部每个组织间的密切程度是不同的，尤其是企业与科研机构之间的联系和信息互通程度会直接影响企业的创新绩效，所以我们引入关系强度维度。网络的开放程度影响到网络内部整合外部资源、吸收外部优势的能力，对协同创新网络的发展具有重大影响。价格稳定性的维持需要考虑外部环境的影响，所以在研究集群市场价格稳定性的时候需要注意协同创新网络的稳定性。综合而言，我们认为协同创新网络的同质性、规模、关系强度、开放性和稳定性会对集群市场价格的稳定性产生影响。

（2）选取双寡头企业为例，考虑到协同创新网络的开放性特征因素，建立双寡头企业的价格博弈动态模型，假设两个企业分别采用Navie 和 GD 策略，找到使企业的产品价格处于稳定状态的临界点。研究发现，在网络开放性大于临界点时，协同创新网络的开放性程度与企业的价格稳定性呈正相关的关系，协同创新网络的开放性越强，信息传播交流得越快，企业就可以及时洞察到市场变化，调整产品价格，避免由于单个企业价格变动而盲目调整的状况，保证企业的价格演化处于稳定状态。

（3）针对协同创新网络开放性对企业价格稳定性产生的影响，为了维持企业价格的稳定性，协同创新网络中的不同主体可以采取相应的策略，以提升自身在系统中的竞争力。对于企业来说，要打破以往地理意义上狭义的集群市场的概念，运用现代的技术手段实现大范围、深层次的沟通；更要培训追求开放性的组织文化，在整个组织中形成追求开放性的风气，引导开放性的组织行为，从而有利于价格稳定；企业作为提供商品的组织，通过保证商品的质量稳定来维持商品价格的稳定也具有必要性；信息作为企业发展的基本需求，如何获取优质、有利用价值的信息、避开错误信息对企业价格的稳定有实际作用，所以企业要增强筛选信息的能力。对于产品买方来说，由于供求关系对价格有影响作用，消费者理性消费，维持供求关系的稳定有利于企业价格的稳定性。协同创新网络中除了企业本身外还有其他主体，比如政府应该发挥领头作用，带头建立和维持市场秩序来保证价格稳定，在价格稳定性受到冲击时积极运用政府宏观调控手段保证其稳定，而科研机构、高校等组织应该积极输送创新人才，建立信息共享平台，促进信息流通和共享。

由于受到主观和客观因素的双重约束，本书的研究资源受到一定限制，研究成果仍有一些不足之处，这些不足之处都是以后继续研究的方向，具体的不足如下：

（1）根据已有研究成果，协同创新网络存在五个维度特征，本书在具体博弈过程中只选取了开放性作为代表特征进行研究，以双寡头企业为例，对企业的博弈进行分析，导致研究的对象较为单一，不能代表所有协同创新网络特征对企业创新绩效的影响，对双寡头企业以外的其他企业的影响也难以确定。

（2）本书在博弈分析过程中，对网络开放系数的研究不够透彻，这需要在以后研究中加以完善。

（3）目前关于创新主体在维系企业产品价格稳定性的具体对策建议比较宽泛，实际对策在以后研究中需要进一步深入和细化。

3.3　协同创新的网络强度对企业产量博弈均衡的影响

3.3.1　协同创新的网络强度对企业产量博弈均衡的关系

3.3.1.1　研究背景

1. 时代背景

在经济全球化不断发展的推进下，信息化和网络化程度越来越高，地域界限逐渐被弱化，市场竞争也日趋激烈，在这样的时代背景下，技术创新和理念创新显得尤其重要。尽管网络技术的发展和各领域之间的交流合作使得技术流动性提高，但是技术创新的多变性和复杂性并没有减弱，单个创新主体进行技术创新时所遇到的问题也并没有减少。企业在发展和竞争中的创新需求使得他们自发寻求技术创新方面的合作。另一方面，十几年来我国不断发展空间经济，而产业集群因其对经济发展的推动作用而受到重视，得到了国家政策的大力支持。

2. 产业集群的作用

产业集群是指产业链上的合作或竞争企业聚集在某一特定区域的现象。研究表明，产业集群能够产生聚集效应，深化社会分工，加强区域内企业的联系，以及充分利用地域内的资源，提高生产效率，有效降低生产成本，从而达到"1＋1＞2"的集群效果。而集群内企业合作后采取措施可有效提高企业的技术水平、生产能力、创新能力等，进而推动产业集群的成长和整体竞争力的提高。

当下处于知识经济时代，科技创新是经济发展的必然要求，但是产品技术的复杂性以及创新周期的缩短所要求的创新效率的提高，使得独立创新主体的创新活动日益困难。在市场的推动下，多方位、多元化协同创新模式的产生和广泛应用就是水到渠成的事情了。这种网络化的协同创新模式十分符合产业集群企业的发展，企业在集群中成为协同创新网络中的一个个主体。这种自发形成的完整的企业集群和产业链，对于中国实体经济的发展来说是极为有利的。在此之中，协同创新网络发挥的作用不可小觑。创新是发展的第一驱动力，协同创新将降低创新所需成本，增加创新成功机会。但是，一个产业集群并不仅仅包括产业上、中、下游相互合作、互不排斥的企业，竞争也存在于企业集群市场之中，甚至可能因为企业产品相似而产生更为激烈的竞争。

3.3.1.2 研究现状

1. 国外关于协同创新网络、产量博弈的研究现状

安索福（1956）认为协同就是将一些独立主体通过某种关系或者约束使其相互依附、相互影响成为一个临时总体，并在总体内进行资源共享，从而提升运作效率，达到组织的目标。这样各主体之间并不是简单相加，而是会产生协同效应，提高个体与总体的效益。莫兰（2005）在研究组织网络关系时发现，当组织之间关系联结强度较高时，创新资源的转移速度相对较高，从而对提高企业创新绩效有推动作用。有学者（Junsong Bian，2018）利用不同博弈理论研究战略影响下的企业动态分销渠道的合作，研究表明在下游，古诺竞争下制造商的合作比在 Bertrand 竞争下更容易得到支持，而在下游 Bertrand - Cournot 混合竞争手段下，制造商的合作更不可能发生。然而，通过上游合作，零售商可以均衡地参与 Bertrand，Cournot 或 Bertrand - Cournot 混合竞争模式，具体取决于他们的未来现金流量和产品差异化价值。

2. 国内关于协同创新网络、产量博弈的研究现状

目前，区域经济的发展是大势所趋，国家政策方面也一直在推进地区之间的合作，与此同时，也要求对协同创新进行深入研究以科学持续发展协同创新，更好地利用协同创新所带来的优势。另一方面，集群内部的企业竞争问题一直以来也是研究热点。因此，以下对国内学者研究成果作不完全整理：

孙天阳等（2019）认为从社会网络角度看，协同创新网络属于一个无向加权网络，即创新主体之间通过规范的合约直接建立学习关系。他建立了包含创新关系和创新节点的社会网络，引入了密度、均衡度、联通区域数量、平均权重等网络统计指标对协同创新网络整体格局进行分析，根据专利申请数量统计的大数据发现，由于协同创新网络中节点和边的增长速度高于新节点与网络中已有节点建立联系的速度，协同创新网络的密度被稀释。因此，在政策方面应发挥我国协同创新网络核心节点的枢纽作用，提高我国协同创新网络的稳定性和均衡性。

解学梅等（2013）认为可将协同创新网络特征划分为规模、同质性、强度和开放性四部分，并分别提出假设，并进行实证分析，分析创新网络特征对企业创新绩效的影响程度。研究发现网络强度对企业创新绩效的影响最为显著，其次为网络同质性，而网络规模所带来的影响较为微弱。

王帮俊（2014）主要研究产学研协同创新网络结构，他认为一个完整网络中包括核心层和辅助层，核心网络层是由主要创新主体组成，辅助网络层则是指协同创新外部宏观环境。

王凤莲等（2016）针对集群环境，在考虑技术溢出的衰减效应前提下，基于 Cournot 博弈引入技术创新参数，提出假设并建立模型，对均衡点进行稳定性分析，研究产量调整速度和创新成本减少量对于均衡点稳定性的影响。

刘春艳和马海群（2017）提出产学研三者之间的协作是协同创新的主要形式，产学研协同创新活动的本质就是网络中的知识转移，并且具有复杂多样性、隐性知识转移等特征，对多主体协同创新绩效会产生显著影响。

通过梳理现有的研究成果，关于协同创新网络和产量博弈这两大领域的结论内容丰富，但多为分类，或者是各个领域与其他因素相互影响的研究，关于协同创新网络特征和企业集群市场产量博弈的研究则较少涉及，并且无法体现协同创新网络特征对企业集群市场产量博弈的影响，这一方面的理论知识略有缺失。

3. 研究发展趋势

经过文献阅读可以发现，以往研究集中在协同创新网络特征内容和网络构造过程、协同创新网络对于创新绩效的影响以及技术创新对企业产量博弈均衡的影响方面的内容，现在主要集中在城市群之间协同创新及具体协同策略和产量决策动态博弈等方面，同时涉及两个研究主体的文献较少。但是许多相关文献具有一定的借鉴意义。例如关于技术创新对产量动态博弈的影响、企业战略竞争与产量决策动态博弈模型以及产量博弈分析和混沌控制等。和企业的产品价格稳定性与创新绩效的关系类似，企业的产品产量对企业的整体绩效具有重要影响，但是关于这一角度的研究并不充分。

3.3.1.3 协同创新网络与产量博弈均衡的关系

根据所学的经济学理论可知，若企业的产品产量达到均衡状态，此时企业往往能够实现利润最大，也能取得不错的创新绩效成果。根据前人的研究成果可知，在创新生态系统下，企业的产量状况与企业的创新绩效息息相关。因此本节从产量博弈的角度出发，通过博弈论建立古诺模型进行分析，研究协同创新网络中的某些特征对企业集群市场产量博弈均衡的影响，找到均衡点并分析特征因素对产量均衡点稳定性的影响，进而分析其对企业的创新绩效的影响。目前关于协同创新网络特征和企业集群市场产量博弈的相关研究较少，在创新生态系统视角下，从协同创新网络特征与产量博弈均衡关系的角度去探究企业创新绩效的提升策略是当前学者的重点研究领域。以王凤莲等（2016）为例，此研究在考虑企业进行技术创新活动存在技术溢出的衰减效应前提下，以集群市场为研究对象，基于 Cournot 博弈引入技术创新参数，提出假设并建立模型，对均衡点进行稳定性分析，研究产量调整速度和创新成本减少量对企业产量均衡点稳定性的影响，并最终影响到企业整体绩效（包括创新绩效）。本节基于协同创新网络的强度特征探究其对企业产品产量均衡的影响，即考虑协同创新的网络强度特征，分析企业的产量均衡点稳定性受到的影响。与企业的产品价格均衡点稳定性相似，从经济学的角度我们知道，企业的产量达到均衡点也意味着企业往往能取得良好绩效，达到利润最大化目标，产量的均衡点稳定性越强，稳定的区域越大，那么企业越有可能取得良好的创新效果，即创新绩效。

因此本书在已有文献的基础上，从产量博弈的角度出发，将理论与实践相结合，研究协同创新网络中的某些特征对企业集群市场竞争的影响，研究企业的产量博弈均衡点稳定性，找到均衡点并分析特征因素对均衡点稳定性的影响，对企业整体绩效的提升具有重要意义。研究结果不仅可以填补和丰富目前关于协同创新网络特征和企业集群市场产量博弈的理论成果，也可以帮助集群企业科学合理地参与协同创新网络，并对自身所参与的协同创新网络进行评判，为企业生产经营活动提供参考，实现产量系统均衡，从而进一步推动企业的发展。

3.3.2　产量博弈相关理论的概述

博弈论是运筹学中的重要知识点，主要探究竞赛中对阵胜负的问题。关于博弈论的研究历史悠久，春秋战国时期著名军事家孙武的《孙子兵法》就涉及战争中的博弈问题，田忌赛马中运用了博弈论中的零和博弈理论。但是这些内容只停留在经验表层，并没有将其理论化，也没有深究其底层逻辑。博弈论近现代的发展最早是由冯·诺依曼（1937）提出，随后美国经济学家约翰·福布斯·纳什在 1950 年提出纳什均衡理论，该理论认为在多方博弈中，存在一种稳定状态，即其他参与者保持现有策略不变时，单个参与者的改变并不会为该参与者带来额外收益。完整博弈应当包括多种要素，参与人、策略、支付这三种是构成一次博弈的基本要求。关于博弈的类型，分析视角不同得到的分类结果也不同。本书建立动态产量博弈模型分析网络强度对产量的影响。

博弈论在解决现代企业管理问题中应用广泛，一般是将企业间的竞争关系通过一定的公式表达出来，在考虑博弈中个体可能出现的行为和实际出现的行为的基础上，研究其优化策略，在实现均衡的前提下尽量增加收益。在众多学者的研究成果中，出现了很多经典博弈模型，很多对博弈论并不是很了解的人也知道"囚徒困境"模型。但是在这些模型中，应用最广泛的是古诺纳什均衡（Cournot Nash equilibrium）、伯特兰德模型（Bertrand Duopoly model）和斯坦克尔伯格模型（Stackelberg Leadership model）。古诺纳什均衡又称古诺双寡头模型，是一种以产量为决策变量的双寡头模型；伯特兰德模型是一种以价格为决策变量的完全信息静态博弈；斯坦克尔伯格模型因为博弈中参与者地位存在差异又被称为"主导企业模型"，它改变了前两者模型中参与者在博弈中地位平等这一基础条件，假设处于主导地位的企业在作出产量决策时，会将其跟随企业的行为决策考虑进去，即主导企业的决策行为会受到跟随企业反应的制约，在此情况下做出利润最大化的决策。本节运用古诺双寡头模型进行研究，主要研究协同创新网络特征对企业在市场竞争中进行产量博弈时的影响，以提升创新活动给企业带来的整体绩效。

3.3.3 研究模型的假设

根据网络的强弱关系理论，我们可以知道对于协同创新网络而言，网络强度对企业资源和信息的获取效率有影响，进而降低或提高生产成本。因此可以认为协同创新网络强度越高，企业获取所需资源越便利，进而可以降低生产成本，即协同创新网络强度越高，企业生产成本越低。本书建立的双寡头垄断模型中引入网络强度系数 α，并且 α 满足条件 $0 < \alpha < 1$。

假设 3.1：假定市场中有双寡头企业 1 和企业 2，它们生产同质产品，且企业 1、企业 2 在网络中地位平等，均不占据结构洞位置。市场总需求为 Q，$Q = q_i + q_j$，市场的反需求函数为 $P_i = a - b(q_i + q_j)$（$i = 1$，2；$j = 1$，2，$i \neq j$），其中 $a > 0$，$b > 0$ 为需求曲线参数，P_i 为产品价格，q_i 为企业 i 的产量。

假设 3.2：假定企业生产过程中受到协同创新影响的初始单位生产成本为 A_i，网络强度的系数为 α，满足 $0 < \alpha < 1$，在协同创新网络的影响下生产成本减少量为 $A_i\alpha$，提高网络强度系数所需成本为 y_i，α 与 y_i 正相关。

则协同创新网络强度提高后生产成本降低为：

$$C_i = A_i(1 - \alpha) \tag{3.13}$$

企业通过参与协同创新网络可以获得聚集运转、技术溢出、技术转移等优势，加强与其他企业的协作力度，进而减少生产成本，而网络强度对协作力度产生直接影响。在一个协同创新网络中，企业技术创新和经营活动会受到网络协同强度和网络中的企业行为影响。

在前文两个假设的前提下，企业利润可以表示为：

$$\pi_i = p_i q_i - C_i - y_i$$
$$\Rightarrow \pi_i = [a - b(q_i + q_j)]q_i - [A_i(1-\alpha)]q_i - y_i \qquad (3.14)$$

则边际利润为：

$$\frac{\partial \pi_i}{\partial q_i} = a - 2bq_i - bq_j - A_i(1-\alpha) \qquad (3.15)$$

假设厂商 1、厂商 2 均以利润最大化原则来调节产量，令 $\frac{\partial \pi_i}{\partial q_i} = 0$，则可得企业 i 的最优产量反应函数为：

$$q_i = \frac{a - bq_i - A_i(1-\alpha)}{2b} \qquad (3.16)$$

在经典的古诺博弈中，认为双寡头企业的行为符合完全理性原则，即追求利益最大化，选择最佳方案，对每一件事都进行理性决策，并且假设企业所在市场环境稳定，并且信息透明度高，不具备不确定性。这样的假设较为理想化，但是现实中市场环境和竞争状况瞬息万变，信息不对称是每个企业都会面临的问题。为了提高理论的实用性，有限理性理论产生。有限理性将完全理性中要达到的最优解更替为满意解（赫伯特·西蒙），谢识予（2001）提出提高博弈论现实性基础的方法就是基于有限理性原则进行博弈演化和分析，认为生物进化中的稳健性均衡概念就是有限理性博弈分析中最核心的动态策略稳定性概念。因此，考虑到现实中博弈受到的影响因素复杂多变，为了提高结论的现实性，本书中双寡头博弈模型建立在有限理性的基础上。

假设企业 1 采用 Naive 策略（朴素决策方法）进行产量调整，在这种产量调整策略下，企业会认为产品下一期产量与当期相同。在本模型中，也即企业 1 简单地认为产品在 $t+1$ 期的产量与 t 期相同，根据最优产量反应函数进行产量调整，则企业 1 产量调整动态机制为：

$$q_1(t+1) = \frac{a - bq_2(t) - A_i(1-\alpha)}{2b} \qquad (3.17)$$

假设企业 2 采用 GD 策略（梯度动态型）进行产量调整，在梯度动态型调整策略下，企业根据本期边际利润的正负情况来决定增减下期产量，即企业 2 根据 t 期边际利润是否为正来决定是否增加第 $t+1$ 期的产量，企业 2 产量调整动态机制为：

$$q_2(t+1) = q_2(t) + kq_2(t)\left[a - 2bq_2 - bq_1 - A_2(1-\alpha)\right] \quad (3.18)$$

此处假设企业产量调整幅度可表示为产量的一元线性函数，$k > 0$ 为常数，代表企业 2 对每单位利润变化的调整速度。

在本书建立的模型中，变量含义如表 3-2 所示：

表 3-2　　　　　　　　　　　　博弈模型中字母含义

变量	含义	变量	含义
Q	市场总需求	α	网络强度系数
q_i	企业 i 的产量	C_i	企业 i 降低后成本
p_i	产品价格	y_i	提高强度系数所需成本
a, b	需求曲线参数	$A_i\alpha$	成本减少量
A_i	企业 i 的原始成本	k	企业 2 的反应速度

由式（3.17）和式（3.18）我们可以得到离散动态系统式（3.19）：

$$\begin{cases} q_1(t+1) = \dfrac{a - bq_2(t) - A_1(1-\alpha)}{2b} \\ q_2(t+1) = q_2(t) + kq_2(t)\left[a - 2bq_2 - bq_1 - A_2(1-\alpha)\right] \end{cases} \quad (3.19)$$

3.3.4　研究模型的分析

3.3.4.1　系统均衡点稳定性分析

首先计算离散动态系统的均衡点。在系统式（3.19）中，令 $q_i(t) = q_i(t+i)$，其中 $i = 1, 2$，即

$$\begin{cases} q_1(t) = \dfrac{a - bq_2(t) - A_1(1-\alpha)}{2b} \\ kq_2(t)\left[a - 2bq_2(t) - bq_1(t) - A_2(1-\alpha)\right] = 0 \end{cases} \quad (3.20)$$

经过联立计算可得均衡点 E_1，E_2。$E_1\left(\dfrac{a + A_1(1-\alpha)}{2b}, 0\right)$，$E_2(q_1^*, q_2^*)$，其中：

$$q_1^* = \frac{a + A_2(1-\alpha) - 2A_1(1-\alpha)}{3b}$$

$$q_2^* = \frac{a + A_1(1-\alpha) - 2A_2(1-\alpha)}{3b}$$

根据现实情况，只有非负均衡才有意义，由于 $a - bq_2(t) - A_1(1 - \alpha) > 0$ 恒成立，则均衡点 E_1 处为垄断均衡，但当均衡点 E_2 存在时，可以构成纳什均衡，此时垄断均衡点 E_1 不稳定，即在有限理性的多次博弈下，企业不可能保持 E_1 点的垄断均衡的状况，必定会在一次次的博弈中达成纳什均衡，因此寡头垄断情况不会出现，在市场中双寡头企业同时存在并相互竞争的状况是稳定的。当然，非负依旧是 E_2 有意义的前提，即满足：

$$a + A_2(1-\alpha) - 2A_1(1-\alpha) > 0 \text{ 且 } a + A_1(1-\alpha) - 2A_2(1-\alpha) > 0$$

$$(3.21)$$

接下来进行均衡点 E_1、E_2 的稳定性分析。这需要计算系统式 (3.19) 的雅可比矩阵。只有满足两个均衡点 E_1、E_2 的雅可比矩阵有两个特征值 λ_i，其中 $i = 1, 2$；并且 $|\lambda| < 1$ 这两个条件时，动态博弈系统才是稳定的。在这里引入了雅可比矩阵，即由函数的一阶偏导数以一定方式排列而组成的矩阵，在本节所建立的模型中，雅可比矩阵计算方式为：

$$J = \begin{pmatrix} \dfrac{\partial q_1(t+1)}{\partial q_1} & \dfrac{\partial q_1(t+1)}{\partial q_2} \\ \dfrac{\partial q_2(t+1)}{\partial q_1} & \dfrac{\partial q_2(t+1)}{\partial q_2} \end{pmatrix}$$

$$= \begin{pmatrix} 0 & -\dfrac{1}{2} \\ -kbq_2 & 1 + k(a - 4bq_2 - bq_1 - A_2 + A_2\alpha) \end{pmatrix}$$

代入 E_1、E_2 点坐标，可得 E_1、E_2 点处的雅可比矩阵。E_1 处的雅可比矩阵为：

$$J(E_1) = \begin{pmatrix} 0 & -\dfrac{1}{2} \\ 0 & 1 + \dfrac{k}{2}[a - A_1(1-\alpha) + 2A_2(\alpha - 1)] \end{pmatrix} \qquad (3.22)$$

根据 $|\lambda E - J(E_1)| = 0$，可以求得均衡点 E_1 处的雅可比矩阵特征值 $\lambda_1 = 0, \lambda_2 = 1 + \dfrac{k}{2}[a - A_1(1-\alpha) + 2A_2(\alpha-1)]$。根据式（3.21）可以知道 $\lambda_2 > 1$ 显然成立，因此均衡点 E_1 并不稳定，为系统中的一个鞍点。

E_2 处的雅可比矩阵为：

$$J(E_2) = \begin{pmatrix} 0 & -\dfrac{1}{2} \\ -kbq_2^* & 1 + k(a - 4bq_2^* - bq_1^* - A_2 + A_2\alpha) \end{pmatrix} \quad (3.23)$$

对于 $J(E_2)$ 来说，矩阵的迹为主对角线之和，即 $\Gamma = 1 + k(a - 4bq_2^* - bq_1^* - A_2 + A_2\alpha)$，行列式为 $0 \times 1 + k(a - 4bq_2^* - bq_1^* - A_2 + A_2\alpha) - \left(-\dfrac{1}{2}\right) \times (-kbq_2^*) = -\dfrac{kbq_2^*}{2}$，矩阵所对应的特征方程则为 $P(\lambda) = \lambda^2 - \Gamma\lambda + V$。均衡点 E_2 要实现局部稳定，需要满足三个条件：

$$\begin{cases} a + A_2(1-\alpha) - 2A_1(1-\alpha) > 0 \text{ 且 } a + A_1(1-\alpha) - 2A_2(1-\alpha) > 0 \\ \Delta = \Gamma^2 - 4V > 0 \\ \text{满足 Jury 稳定判据条件} \end{cases}$$

Jury 稳定判据条件是判断离散系统稳定性的方法，根据离散系统特征方程系数进行计算，最后得出系统是否稳定的结论。本节中 Jury 条件为：

$$\begin{cases} 1 + \Gamma + V > 0 \\ 1 - \Gamma + V > 0 \\ 1 - V > 0 \end{cases}$$

第一个条件在前文式（3.21）中已限定，将 Γ、V 代入条件后可以看出 $\Delta = \Gamma^2 - 4V > 0$，$1 - V > 0$ 成立。$1 - \Gamma + V = \dfrac{ak + kA_1(1-\alpha) - 2kA_2(1-\alpha)}{2}$，由于 $k > 0, a + A_1(1-\alpha) - 2A_2(1-\alpha) > 0$，因此 $1 - \Gamma + V > 0$ 成立。经过计算，可得

$$1 + \Gamma + V = \dfrac{12 - 5ka - 5kA_1(1-\alpha) + 10kA_2(1-\alpha)}{6}$$

那么 $1 + \Gamma + V > 0$，即 $12 - 5ka - 5kA_1(1-\alpha) + 10kA_2(1-\alpha) > 0$，计算可得：

$$a + A_1(1 - \alpha) - 2A_2(1 - \alpha) < \frac{12}{5k} \qquad (3.24)$$

3.3.4.2　变量对均衡点稳定性影响分析

1. 企业产量调整反应速度对均衡点稳定性的影响

在本节所建立的模型中，企业在博弈过程中对每单位利润变化而产生的相应产量调整的速度用 k 表示，因此本条分析即为常数 k 对均衡点稳定性的影响。由式（3.24）可得：

$$k < \frac{12}{5[a + A_1(1 - \alpha) - 2A_2(1 - \alpha)]} \qquad (3.25)$$

命题 3.2：当企业 2 对于单位利润变化而作出的产量调整速度满足 $0 \leq k < \dfrac{12}{5[a + A_1(1 - \alpha) - 2A_2(1 - \alpha)]}$ 时产量演化系统将处于稳定状态，此时为均衡产量；当 $k > \dfrac{12}{5[a + A_1(1 - \alpha) - 2A_2(1 - \alpha)]}$ 时，产量演化将处于分叉或混沌状态。

即采用梯度动态型策略的企业在产量反应速度较小时，可以得到均衡产量，获得纳什均衡利润，这是两企业进行产量博弈可取得的最优成果，而当企业在边际利润影响下产量调整速度过快的话会导致企业产量演化的分叉，并在后续的博弈中进入混沌状态。

2. 网络强度系数对均衡点稳定性的影响

网络强度系数 α 对于均衡点的影响可以由式（3.24）得到，即：

$$(5kA_1 - 10A_2k)\alpha > 5ka + 5kA_1 - 10kA_2 - 12 \qquad (3.26)$$

在 $k > 0$ 的前提下，讨论网络强度系数 α 对均衡点稳定性的影响，可将式（3.26）变换为：

$$
\begin{cases}
A_1 > 2A_2 \text{ 时，} \alpha > \dfrac{5ka + 5kA_1 - 10kA_2 - 12}{5kA_1 - 10A_2k} \\[3mm]
A_1 < 2A_2 \text{ 时，} \alpha < \dfrac{5ka + 5kA_1 - 10kA_2 - 12}{5kA_1 - 10A_2k} \\[3mm]
A_1 = 2A_2 \text{ 时，} \alpha \text{ 不对均衡点的稳定性产生影响}
\end{cases} \qquad (3.27)
$$

命题 3.3：当企业 1 的网络强度系数 α 满足式（3.27）时，其产量演化趋于稳定，此时 E_2 为实现纳什均衡的均衡产量；在 α 不满足式

（3.27）时，产量演化将处于分叉或混沌状态。

即当企业 1 初始成本大于企业 2 初始成本的 2 倍时，网络强度系数较大的情况下离散系统更加容易达到稳定状态；当企业 1 初始成本小于企业 2 初始成本的 2 倍时，网络强度系数较小的情况下离散系统趋于稳定，反之则形成分叉或者混沌状态；当企业 1 初始成本恰好等于企业 2 初始成本的 2 倍时，无论网络强度如何，此时均衡点稳定性都不会产生明显变化，企业 2 的产量调整速度则会影响均衡点的稳定性。

在 $A_1 = 2A_2$ 时，网络强度的影响作用不再明显，此时对均衡点稳定性影响更大时采用 GD 策略的企业 2 在根据边际利润变化来调整产量变化的速度，即为模型中的 k。根据 Jury 稳定判据条件，可以知道，在 $A_1 = 2A_2$ 的情况下，只需要 $12 - ak > 0$，那么这个产量演化就是稳定的。

$$12 - ak > 0 \Rightarrow k < \frac{12}{a} \tag{3.28}$$

命题 3.4：当企业 1 的初始成本为企业 2 初始成本的 2 倍时，企业 2 产量调整速度 $k < \frac{12}{a}$ 情况下，企业产量演化处于均衡状态，且 E_2 为均衡产量，否则产量演化将处于分叉或混沌状态。即企业 2 产量调整速度越低，离散系统越趋于稳定。

3.3.5　数值模拟及分析

离散动态系统一般不存在解析解，为了能够更加形象地体现协同网络强度对企业产量变化的影响，本书将对模型进行数值模拟分析，一方面促使研究结论更加明了，另一方面也可验证结论的正确性以及精准性。首先将对动态离散系统式（3.19）进行动态演化。由于本人技术水平限制，本节将利用 Excel 软件进行数值模拟。

本节的古诺产量博弈模型引入了部分常量，首先要对这些常量进行赋值，在满足式（3.21）的前提下，设定常数如表 3 - 3 所示。

表 3 – 3 模型参数取值及初始值

参数取值		初始值	
A_1	1	P_1	1
A_2	3	P_2	1
α	0.5	—	—
a	10	—	—
b	1	—	—

3.3.5.1 产量调整速度数值仿真

在前面的分析中，可以根据式（3.25）得到 $k = \dfrac{12}{5[a + A_1(1-\alpha) - 2A_2(1-\alpha)]}$ 为 k 值对均衡点稳定性的临界点，将参数值代入公式可得 $k = 0.253$，由此我们可以猜测当 $k < 0.253$ 时，产量动态模型是趋于稳定的，$k > 0.253$ 时产量动态模型会出现分叉或混沌现象。现在我们来验证这一结论。首先将设定参数代入式（3.19）可得：

$$\begin{cases} q_1(t+1) = 5 - \dfrac{1}{2}q_2(t) - 0.25 \\ q_2(t) + 8.5kq_2(t) - 2kq_2^2(t) - kq_1(t)q_2(t) \end{cases}$$

分别取 k 值为 0.1、0.2、0.5，代入计算企业 2 产量。

（1）$k = 0.1$ 时，从初始产量开始，将博弈进行 10 次，可得到以下结果（见表 3 – 4、图 3 – 1）：

表 3 – 4 $k = 0.1$ 时数值模拟结果

企业	1	2	3	4	5	6	7	8	9	10
企业 1	1	4.25	3.975	2.545	3.478	3.011	3.246	3.127	3.187	3.157
企业 2	1	1.55	4.411	4.106	3.179	2.756	4.107	2.891	2.773	2.708

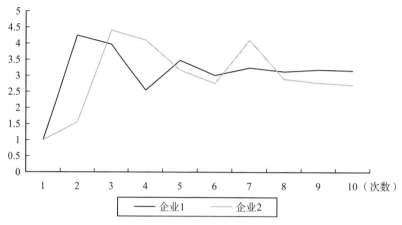

图 3 - 1　$k = 0.1$ 时数值模拟结果折线图

通过表 3 - 4 中的计算结果以及由此生成的图 3 - 1 我们可以知道，当 k 取值为 0.1 时，企业 1 与企业 2 在相互博弈中做出的产量决策趋势。从折线图中可以明显看出产量趋势。在最初几次博弈中，两个企业的每期产量变化幅度很大，并不稳定，但是从第 8 次博弈开始，企业 1 和企业 2 的产量都开始趋于稳定。

（2）$k = 0.2$ 时的博弈结果。

对应的折线图为图 3 - 2：

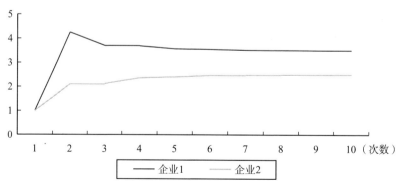

图 3 - 2　$k = 0.2$ 时数值模拟结果折线图

　　通过 10 次相互博弈的数值模拟所得结果如表 3 - 5 所示，单独看数字变化可以看出两个企业在相互博弈中产量趋于稳定，但通过折线图 3 - 2 可以更加直观地发现企业 1 和企业 2 在第 2 次博弈后，产量稳定性一直比较高，并且博弈的次数越多折线越为平滑。并且通过企业 1 和企业 2 的产量折线图对比我们可以发现，采取不同博弈策略的企业产量变化幅度是不同的，尽管最后都趋于平稳，但是采取朴素战略的企业在博弈初期产量波动更大一些。

表 3 - 5　　　　　　　　　　　$k = 0.2$ 时数值模拟结果

企业	1	2	3	4	5	6	7	8	9	10
企业 1	1	4.25	3.7	3.689	3.571	3.549	3.519	3.513	3.505	3.504
企业 2	1	2.1	2.121	2.358	2.403	2.462	2.475	2.490	2.493	2.497

　　（3）$k = 0.5$ 时的博弈结果（见表 3 - 6、图 3 - 3）。

表 3 - 6　　　　　　　　　　　$k = 0.5$ 时数值模拟结果

企业	1	2	3	4	5	6	7	8	9	10
企业 1	1	4.25	2.875	4.633	4.332	3.873	3.584	3.607	3.411	3.755
企业 2	1	3.75	0.234	0.837	1.755	2.333	2.287	2.678	1.99	3.093

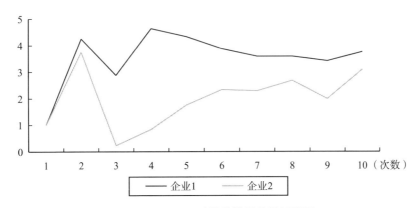

图 3 - 3　$k = 0.5$ 时数值模拟结果折线图

由图 3 - 3 可以看出，$k > 0.5$ 时企业 1 和企业 2 产量变化幅度很大，在整个博弈模拟过程中并没有趋于稳定的走向，不仅产量增减变化幅度大，而且变化趋势也无法预测，此时产量博弈离散动态系统处于分叉或混沌状态。

3.3.5.2　网络强度数值仿真

情况 1：在本章开始时的变量赋值中，令 $A_1 = 1$，$A_2 = 3$，这个假设实际上已经满足了式（3.27）中 $A_1 < 2A_2$ 这一条件，现将 α 也转为变量，随着 α 的变化，提高协同创新网络强度而随之产生的成本减少量 $A_i\alpha$ 也在变化。根据式（3.26），代入常量值以后可得：

$$5k\alpha - 30k\alpha > 5k + 5k - 30k - 12 \Rightarrow k < \frac{12}{25(1 + \alpha)} \qquad (3.29)$$

现在来计算产量稳定区间。取 $\alpha = 0.2$、0.32、0.5、0.68、0.75、0.92，通过式（3.29）可算得对应 k 的取值，分别是 $k = 0.4$、0.34、0.32、0.29、0.27、0.25。

由图 3 - 4（a）可知，随着 α 取值的增大，k 的取值必须越来越小，才能保持动态博弈系统的稳定性。当 k 值不变时，α 取值越小，离散动态系统稳定区域才会越高。即当双寡头垄断企业中采取 GD 策略的企业对单位利润产生反应而调整产量的速度固定时，网络强度较低才能有较大的产量博弈稳定范围。企业可以通过调整协同创新网络强度来扩大稳定范围，使原本分叉或混沌的离散动态系统趋于稳定。

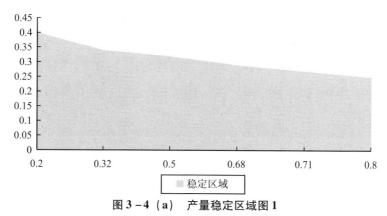

图 3 - 4（a）　产量稳定区域图 1

情况 2：现在我们来看看当 $A_1 > 2A_2$ 时的情况，在这里令 $A_1 = 3$，$A_2 = 1$，根据式（3.26），代入常量值后可得：

$$15k\alpha - 10k\alpha > 50k + 15k - 10k - 12 \Rightarrow k < \frac{12}{55 - 5\alpha} \qquad (3.30)$$

令 α 分别为 0.1、0.37、0.43、0.5、0.76、0.94，通过公式（3.30）可计算出对应的 k 值：0.22、0.225、0.227、0.228、0.234、0.237。由此可以得到 $A_1 > 2A_2$ 时的产量稳定区域图［见图 3 - 4（b）］。

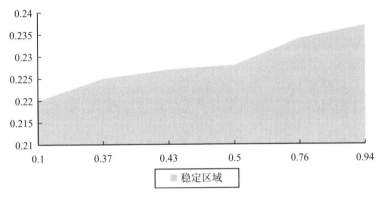

图 3 - 4（b）　产量稳定区域图 2

在图 3 - 4（b）中，横轴为 α 取值范围，纵轴为相应 k 值。由图 3 - 4（b）可知，在企业 1 初始成本大于企业 2 初始成本的 2 倍时，随着网络强度系数 α 的增加，整个离散系统的产量稳定区域面积是增大的，即双寡头企业在市场中的产量博弈中，协同创新网络强度越高，那么产量博弈离散动态系统的稳定区间就越大，企业越容易做出合理的产量决策。这与 3.3.4 中命题 3.3 所得到的结论是吻合的。

3.3.5.3　数据分析结果总结

本节建立双寡头博弈模型，引入网络强度系数 α，写出利润表达式并基于有限理性原则建立离散动态系统。得到离散动态系统后，根据均衡点局部稳定性的条件，对从离散系统得来的均衡点进行分析，随后分析变量对于均衡点稳定性的影响。经过建模分析与仿真，得到以下几点结论。

（1）本节模型有一个不确定的鞍点和一个局部稳定的纳什均衡点。

在 3.2.1 的均衡点稳定性分析中，我们通过式（3.20）的计算得到 E_1、E_2 两点，而在现实意义中要求非负均衡，点 E_1 符合条件，但当点 E_2 出现时，产量博弈演化就会实现纳什均衡，并且这一均衡点并非绝对稳定，有限理性假设下博弈方是不断进行演化最终达成纳什均衡，因此点 E_2 为局部纳什均衡点。通过稳定判定条件特征值的模小于 1，可以得出 E_1 并不稳定，为鞍点，E_2 处局部稳定。在双寡头竞争中，若开始时处于点 E_1 状态，企业 1 独占市场，企业 2 产量为 0。那么此时企业 1 的边际利润最高，企业 2 看到市场空间也会向这个方向发展，开始生产产品，因此这种平衡很快会被打破，E_1 是不稳定的。在博弈演化中，随着市场需求的变化，企业 1 不断减少产量，企业 2 不断增加产量，如此循环往复不断进行博弈，最终达到纳什产量均衡。

（2）采用梯度动态型产量调整策略的企业产量调整速度较小时，产量演化趋于稳定；反之，产量调整速度较大时，会引起离散系统的分叉和混沌。

在建立雅可比矩阵并进行模型求解后，我们可以得到点 E_2 处的局部稳定条件，在本节所建立的模型中，采用梯度动态策略的企业由于边际利润的变化而做出的相应产量增减反应速度用 k 表示，通过式（3.25）的运算我们可以看到当 $0 \leqslant k < \dfrac{12}{a + A_1(1-\alpha) - 2A_2(1-\alpha)}$ 时，满足均衡点稳定条件 $a + A_1(1-\alpha) - 2A_2(1-\alpha) < \dfrac{12}{5k}$，因此，当企业 2 产量调整速度较低时，产量演化的稳定范围越大，出现分叉或混沌现象的可能性就越小；反之，若 k 取值较大，则无法满足点 E_2 局部稳定的条件，会导致离散系统的分叉和混沌现象。在双寡头垄断市场中，企业 1 采用 Naive 策略，每期产量不变，企业 2 采用 GD 策略，根据上一期边际利润调整产量，可以预见两企业之间的博弈是从不稳定，达到纳什均衡，再因为企业 2 产量的调整偏离均衡状态。因此，当企业 2 调整产量速度较低时，在一个博弈周期里的稳定区域就会扩大，分叉或混沌状态

也会随之减少。

（3）对网络强度的调整可以扩大纳什均衡的存在范围，增强产量博弈离散系统的稳定性。

根据式（3.26）、式（3.27）以及推算结果，我们可以看到网络强度对产量博弈均衡的影响需要根据两寡头企业的初始成本状况进行分类讨论。具体而言，当采取 Naive 策略的企业原始成本高于采取 GD 策略企业初始成本 2 倍时，协同创新网络强度较高时，离散系统趋于稳定；原始成本低于 2 倍时，网络强度较低，离散系统趋于稳定，反之则为分叉或混沌状态；而在原始成本相等时，网络强度对产量均衡点并无明显影响，反而是企业 2 的产量调整反应速度会影响产量博弈均衡。

3.3.6　结论与展望

本章节建立经典古诺产量博弈模型，引入网络强度特征作为影响因素，为了便于分析和比较，选取双寡头企业为例，通过模型推演和分析，得出以下结论：

（1）根据本节假设所建立的双寡头产量博弈模型有一个不确定的鞍点和一个局部稳定的纳什均衡点。

（2）采用梯度动态型产量调整策略的企业产量调整速度较小时，产量演化趋于稳定；反之，产量调整速度较大时，会引起离散系统的分叉和混沌。

（3）对网络强度的调整可以扩大纳什均衡的存在范围，增强产量博弈离散系统的稳定性。

本节在考虑协同创新网络强度的情况下建立古诺产量博弈模型，列出企业利润表达式，建立雅可比矩阵分析其均衡点的局部稳定性，以及分析协同创新网络强度对企业产量离散系统稳定性的影响。尽管在研究网络特征对产量博弈均衡影响方面有一定的创新程度，但是由于笔者知识储备不足，资源、技术、时间等的限制，本章节存在一些不足，具体如下：

第一，本章在建立模型过程中对许多方面进行了前提假设，例如假设只存在两个寡头企业，且其产品同质可替代，网络强度可量化以及网络强度系数与初始成本之间的关系等，尽管这样方便研究，但是现实生活中难以完全满足这些假设。因此，本章的研究偏于理论化，若要运用于实践，还要综合其他现实因素进行分析，灵活运用，最终做出满意决策。

第二，由于个人精力和篇幅有限，本章节仅仅从协同网络强度这一特征进行分析，实际上关于协同网络特征对企业产量博弈的影响分析还可以从其他角度进行，例如协同创新网络的异质性、网络密度、网络规模等性质，这些影响因素对企业产量博弈的影响还需进一步研究。

第三，由于技术限制，本章节模型仿真部分的研究缺少专业的技术设备进行大量迭代计算，尽管这样也能看出产量变化趋势和产量稳定区域，验证模型分析结论，但是专业性技术支持不足，在之后的研究中可以加以改进。

3.4 企业机会识别能力对企业价格博弈均衡的影响

3.4.1 企业机会识别能力与创新绩效的关系

3.4.1.1 研究背景

1. 时代背景

目前，我国经济正处于由高速增长转向高质量增长、供给侧结构性改革的转型攻坚阶段，技术创新承担着新时代中国由人口大国向创新强国转变的重要职责，技术创新是促进企业持续发展、国家综合国际竞争力提升的关键性因素。随着经济、科技的高速发展，在实体经济中，企业识别机会能力的重要作用已得到人们的广泛认可。随着知识经济时代的到来，时代的迅速变化对企业的机会识别水平提出了更高的要求，而企业综合能力进步的最终实现离不开机会识别水平的推动。近年来，企业机会识别能力越来越被认为是企业技术进步的根源，机会识别能力提升的意义甚至超越了技术创新本身。企业间频繁的知识、信息交流有利于提升企业的机会识别能力，企业机会识别能力已成为现代企业核心竞争能力的源泉。

随着互联网和信息技术的迅速发展，我国经济已进入以创新为主导的新时代。自奥地利经济学家熊彼特提出创新理论后，越来越多的国家认识到研发的重要意义，把研发当作促进经济增长与增强经济实力的重要途径。从科技创新的理论和实践可以得出：技术创新是企业生存和发展的核心，技术创新的前提和基础是机会识别能力。在这种背景下，为了赢得竞争优势，企业都在积极地研发最适合本企业的机会识别机制以实现长期的市场领导甚至垄断地位。

在经济全球化的大趋势下，在新冠肺炎疫情的背景下，全球经济呈现出萎靡和下滑的迹象，这次危机对全球经济发展来说是一个巨大的挑战，对中国经济来说更是一个十足的硬仗。由于现在企业机会识别能力未健全和完善，个体企业很难拥有健全的机会识别机制，对机会的把握能力存在不足，所以在这种经济环境下，探讨集群企业间的价格决策意义重大。

2. 企业机会识别能力的重要性

由于我国企业机会识别能力不足，自主研发企业较少，自主创新能力较弱，这些问题严重阻碍我国经济的发展，而自主创新的关键在于企业集群机会识别能力的强弱。机会识别能力越来越成为企业关注的重点，成为企业赢得竞争优势的关键。因此，企业在机会面前能够快速高效识别，并对机会进行快速合理评估，成为企业创新的关键。

尽管有越来越多的企业把机会识别能力摆放在很重要的位置，企业的机会识别能力不断增强，但不同企业间的机会识别水平悬殊，传统企业和中小型企业的机会识别能力尤为薄弱。因此，解决企业间机会识别能力不均衡问题，使得机会识别成果在企业间扩散更有利于企业或行业机会识别能力和竞争力的提高，通过机会识别能力的提升，实现企业技术成果的广泛应用和推广，对企业更好地适应快速发展的环境，从而实现高速、高效发展至关重要。

从前面的学习中我们可以看出，企业的机会识别能力水平关系到企业经营成败。创新网络是一个包含创新主体、创新资源、信息、产品等众多要素的复杂体系，且各要素之间是相互联系的，各要素会通过多种形式进行交流与合作，创新网络的这一特征决定了系统内的信息是复杂多样的，而企业作为创新网络的主要创新主体，能否从复杂多样的信息中把握住对企业发展至关重要的信息，即所谓的企业机会识别能力，直接关系到企业的经营绩效，企业可以根据这些关键的信息制定或调整企业的发展策略，这能够帮助企业取得不错的创新绩效。

在创新网络中，企业对机会识别的行为会影响企业的创新绩效状况，关于企业机会识别能力对企业创新绩效影响的研究也是一个较热门的话题，这是新的时代背景对企业发展所提出的要求。随着知识经济时代的到来，时代的迅速变化对企业的机会识别水平提出了更高的要求，而企业综合能力的进步离不开机会识别水平的推动。近年来，企业机会识别能力越来越被认为是企业技术进步的根源，机会识别能力提升的意义甚至超越了技术创新本身，机会识别能力已成为现代企业核心竞争能力的源泉。在这种背景下，研究企业的机会识别能力对创新绩效的影响，符合发展潮流且具有实用性。

企业的机会识别能力对创新绩效的作用可以是直接的，但大多数情况下是间接的，即企业的机会识别能力与创新绩效的这种关系会通过若干个中介因素体现出来。例如，企业的产品产量和价格策略。在复杂多变的创新网络中，各个创新主体之间不仅是合作的关系，竞争的关系也非常明显，企业在创新网络中的竞争往往表现为"信息战"，当企业有足够的能力和较好的条件去识别信息，尤其是那些对企业发展有关键影响的信息时，那么这对于企业来说是一次难得的发展机遇。例如当市场对企业的某一产品需求大幅度上升时，企业可以把握机遇，对企业的产品产量和价格进行调整，寻求产量和价格的均衡，获得良好的经营绩效。企业还应该坚持实事求是，从实际出发，结合自身的发展状况判断信息的性质，并可以通过与企业外部的频繁交流提升机会识别能力。

3.4.1.2　研究现状

1. 国内研究现状

机会识别是一个极其复杂的过程，即使学者从不同角度研究也未对创业机会识别的观点达成统一。国内学者对于机会识别的研究开始于

21 世纪初，主要包括以下内容：

王朝云（2010）认为对创业者来说，机会是重中之重，它代表最合适的时机去创办新的企业。

张红和葛宝山（2014）指出，机会识别和评价这两个过程完全独立。

刘晓敏（2017）提出，机会识别工作能力是创业人的中介公司，企业隐性知识越强，机会识别工作能力也会越强。

刘浩等（2018）等强调，创业人往往能发觉自主创业机会是由于她们有着特殊的逻辑思维，这类逻辑思维称为反客观事实逻辑思维，它能协助创业人开展多种多样状况的结果仿真模拟。它能协助创业人对以往的工作经验有效剖析，防止类似不正确的产生，因而反客观事实逻辑思维可以推动机会识别工作能力。

于晓宇等（2019）强调，机会识别分成运用式机会识别和探寻式机会识别，二者相互依赖、互相促进，群集企业的学习培训和培训会议推动运用式机会识别，而学习培训和学习培训的不成功可以推动探寻式机会识别。

2. 国外研究现状

企业机会识别和发展趋势行业目前的基础理论和实证研究。最开始对自主创业机会开展剖析的是熊彼特（Schumpeter，1934），他觉得自主创业机会是当发生新的市场的需求时，必须造就更新的商品和服务项目来达到这类新的客观现实的市场的需求，自主创业机会与经济价值二者关系密切。

克里斯滕森等（Christensen et al.，1989）认为，企业机会识别是一种直觉，这类直觉是一种认知，主要表现为业务流程能够建立和盈利存有的概率。

丘吉尔和穆兹卡（Churchill and Muzyka，1997）强调，机会识别是一个全过程，此全过程中机会被转换为取得成功的新项目。

文卡塔拉曼（Venkataraman，1997）强调，自主创业机会是造就出将来的商品和服务项目。赫伯等（Hulber et al.，1997）强调，市场的需求是自主创业机会的本质，往往有自主创业机会是由于市场的需求没有获得达到。创业学鼻祖的蒂蒙斯（Timmons，1999）认为，自主创业机会是一种创业人才有的出色工作能力，它会协助创业人找寻销售市场中未被发现的机会。

阿迪奇维利和卡多佐（Ardichvili and Cardozo，2000）强调，机会识别是在特殊的时刻分辨这类机会是不是能够再次开发设计。巴伦（Baron，2006）指出，机会识别是指面对不确定的环境，企业判断是否存在商机的这个过程。

杜塔和格罗桑（Dutta and Grossan，2005）指出，企业机会是一种特殊的外部条件，从风险视角来看，创业机会是特殊的环境，创业者在这种环境中能识别风险并开发新产品和新服务。

汉森等（Hansen et al.，2011）指出，机会是一种客观现象，它客观存在，机会识别是创业者的一种认知和感知，所以创业者的机会感知过程是主观的。创业者对机会的感知可能是一种营销方式、一种产业升级或是一个方案等，企业活动的首要步骤和核心任务是机会识别。

格雷戈尔和谢泼德（Gregoire and Shepherd，2012）指出，创业机会实质上来源于消费者未被满足的需求，包括产业链的升级和融合、产品的多功能性等。阿尔瓦雷斯等（Alvarez et al.，2013）认为，机会识别包括两个方面：机会发现和机会创造。即使二者是在同一时点上，但是它们的关注点却完全不同。

卡利米等（Karimi et al.，2016）指出，创业者的创业强度由机会识别能力来决定，机会识别过程包括两个方面，分别为感知机会的能力和对机会的警觉。

尤尼等（Yonni et al.，2017）认为，创业机会的内涵包括很多内容，它是多个过程的综合，这些过程包括机会的来源、利用方式及其发现的过程。

基于对以上国内外学者的文献研究，本章节将对产业集群中企业的机会识别能力对价格决策的影响进行深度分析，在经典双寡头模型的基础上加以优化，探索集群企业的机会识别能力强弱对企业产品价格选择的作用，拟揭示出企业价格策略选择的一些微观规律。

3.4.1.3 研究发展趋势

本章研究了一系列的企业以前参加产生多种多样业务流程。取得成功企业的创建承袭了一个取得成功的机会的发展趋势全过程。这包含了解机会及其了解机会的评定和发展趋势。规律性和迭代更新性是这一发展趋势全过程的明显特点，企业在不一样的发展趋势环节必须开展数次的评定，评定也很有可能造成新机会的了解或对原始构想的调节。针对一个取得成功的企业而言，明确和挑选一个恰当的企业发展趋势机会是企业应当具备的一项关键工作能力。因而，对机会的发觉和发展趋势是企业研究的重要一部分。近些年，学术界明确提出了很多的机会认知能力和发展趋势实体模型，这种实体模型全是根据一些不一样的、经常互相分歧的假定，这种假定牵涉一系列的课程，从人格心理学到德国社会经济学。尽管这大大提高了大家对机会识别的掌握，可是仍无法给予一个全方位的了解全过程，关键缘故有两个。首先，每一个见解都关键集中化在过程的某一个层面。比如，迈斯纳认为，认知过程包括在机会识别中，以社交网络研究为基本；而尼克则认为事前的专业知识和工作经验是取得成功的认知能力的必不可少的要素。但是，这种偏重于实际的要素的研究造成了在同一研究行业对其他关键要素的忽视。除此之外，企业研究工作人员对管理方法全过程的界定还未达到统一。本研究创建在企业机会识别和发展趋势行业目前的基础理论与模型研究基础上，运用了杜宾（1978）的基础理论基本建设架构，明确提出机会识别全过程基础理论。机会识别基础理论是高宽比繁杂的，目前的研究超越了许多课程，包含企业管理学、组织理论、网络营销和自主创业研究基础理论。我们在这种课程的理论基础以上明确提出了自身的基础理论。

3.4.2　企业价格博弈均衡与创新绩效的关系

企业的创新绩效是企业经营绩效的一个重要组成部分，特别是在如今这样一个以创新为主导的时代，对企业的创新经营提出了更高要求。创新活动在企业发展中越来越重要，由创新活动产生的企业绩效越来越关系到企业的整体运营。价格策略是企业的一个重要策略，也是企业在市场中竞争优势的重要体现，从前面的学习中可以了解到，在创新网络中，企业可以通过对市场信息的识别去调整、优化企业的价格策略，实现企业产品的价格均衡。企业的创新活动对企业的产品价格有一定影响，在创新生态系统视角下，"生态"一词，顾名思义，指企业不仅要用创新的视角去发展壮大企业，还要实现企业与外部的良性互动，与内部的协调优化，最直接的因素就是企业的产品价格。企业要开展创新活动意味着要加大研发的投入，对于企业的产品而言，研发投入能够改进产品的性能，优化产品的生产结构，从而降低产品的生产成本，提高企业生产效率，产品的产量也会有所变化。在产品的生产成本和产量都有变化的情形下，企业会调整企业的价格策略和产品产量。从经济学理论可知，企业的产品价格和产量达到均衡点时，企业的经营绩效处于最佳水平。此时企业价格的均衡点稳定性就关系到企业的整体绩效，包括对企业创新绩效的影响。并且，随着企业对研发投入的增加，企业的价格稳定性将会越来越关系到企业的创新绩效。

企业的价格均衡对企业创新绩效的影响是客观存在的，这是由于企业的创新活动会对企业的整体运营效率产生影响，企业的生产技术得到改进，生产效率也有所提高，创新也会降低产品的生产成本，从而产品的价格状况发生变化。根据理性经济人假设，企业会寻求价格和产量的均衡点，以实现利润最大，这也是企业进行价格博弈的过程。若企业的产品价格实现博弈均衡，那么企业就能够从创新活动中取得不错的绩效成果。与企业的产量博弈均衡类似，在创新网络内，企业的价格均衡点越稳定，则企业越有可能取得良好的创新绩效。企业的价格博弈均衡与企业创新绩效的关系是一个有价值的研究话题，企业在创新活动中要谨慎把握好二者的内在联系。

3.4.3 研究模型的构建与分析

本节以创新网络下机会识别能力的开放性特征为切入点，仍然以双寡头垄断企业为例，研究企业的机会识别能力对双寡头企业价格稳定性的影响，建立价格博弈模型并进行数值模拟分析。

3.4.3.1 模型构建

假设集群市场中有双寡头企业 I、J，两个企业生产产品 i、j 为有差异化的替代品，产品 i 和产品 j 的需求函数为：

$$Q_i = a_i - b_i p_i + \alpha p_j \tag{3.31}$$

$a_i > 0$，$b_i > 0$，i、$j = 1$、2，$i \neq j$，其中 α 表示两个企业间产品替代率，α 越小表示两个企业的产品替代率越低，反之亦然。

企业 i 的成本函数为：

$$C_i = \frac{c_i}{1 + \lambda} Q_i \tag{3.32}$$

c_i 为企业 i 的边际成本，λ 为企业机会识别能力，$\lambda \geq 0$。可知企业 i 的利润函数为：

$$\pi_i = p_i Q_i - C_i = \left(p_i - \frac{c_i}{1 + \lambda} \right) Q_i = a_i p_i - b_i p_i^2 + \alpha p_i p_j - \frac{a_i c_i - b_i c_i p_i + \alpha c_i p_j}{1 + \lambda} \tag{3.33}$$

则边际利润为：

$$\frac{\partial \pi_i}{\partial p_i} = a_i - 2 b_i p_i + \alpha p_j + \frac{b_i c_i}{1 + \lambda} \tag{3.34}$$

由 $\frac{\partial \pi_i}{\partial p_i} = 0$，可知企业 I 产品价格的最优反应函数为：

$$p_i = \frac{a_i + \alpha p_j + \dfrac{b_i c_i}{1 + \lambda}}{2 b_i} \tag{3.35}$$

在有限理性的基础上，假设企业 I 采取价格调整机制是天真型（navie），企业 I 的本期产品价格与企业 J 的下期产品价格相同，本企业就会利用最优反应函数调整价格，此时企业 I 的价格为：

$$p_1(t+1) = \frac{a_1 + \alpha p_2(t) + \dfrac{b_1 c_1}{1 + \lambda}}{2 b_1} \tag{3.36}$$

假设企业 J 的价格调整策略是梯度动态型（GD），企业产品的下期价格会由本期的边际利润来决定，本期的边际利润的数值会将决定产品下期价格的变化，其价格变化为：

$$p_2(t+1) = p_2(t) + k p_2(t) \left(a_2 - 2 b_2 p_2(t) + \alpha p_1(t) + \frac{b_2 c_2}{1 + \lambda} \right) \tag{3.37}$$

由式（3.36）、式（3.37）得双寡头企业集群内部竞争中不同价格变动下的离散动态系统：

$$\begin{cases} p_1(t+1) = \dfrac{a_1 + \alpha p_2(t) + \dfrac{b_1 c_1}{1+\lambda}}{2b_1} \\ p_2(t+1) = p_2(t) + k p_2(t)\left(a_2 - 2b_2 p_2(t) + \alpha p_1(t) + \dfrac{b_2 c_2}{1+\lambda}\right) \end{cases}$$

$$(3.38)$$

3.4.3.2   模型分析

分析式（3.38）中的价格变动过程的前提是系统式（3.38）均衡点的求解。令：

$$\begin{cases} p_1 = a_1 + \alpha p_2 + \dfrac{b_1 c_1}{1+\lambda} \\ k p_2\left(a_2 - 2b_2 p_2 + \alpha p_1 + \dfrac{b_2 c_2}{1+\lambda}\right) = 0 \end{cases}$$

$$(3.39)$$

k 为价格调整速度，可求得两个均衡点 $E_1\left(\dfrac{a_1 + \dfrac{b_1 c_1}{1+\lambda}}{2b_1},\ 0\right)$ 和

$E_2(p_1^*,\ p_2^*)$，其中：

$$p_1^* = \frac{a_2 \alpha + 2a_1 b_2 + 2b_1 b_2 \dfrac{c_1}{1+\lambda} + \alpha b_2 \dfrac{c_2}{1+\lambda}}{4b_1 b_2 - \alpha^2}$$

$$p_2^* = \frac{a_1 \alpha + 2a_2 b_1 + 2b_1 b_2 \dfrac{c_2}{1+\lambda} + \alpha b_2 \dfrac{c_1}{1+\lambda}}{4b_1 b_2 - \alpha^2}$$

E_2 表示的是双寡头状态下的特定均衡点，双寡头状态不会改变。在经济学上来说，只有价格为正时才有意义，因此要 $E_2(p_1^*,\ p_2^*)$ 为系统式（3.38）的纳什均衡点，必须有 $p_1^* > 0$，$p_2^* > 0$，即：

$$4b_1 b_2 - \alpha^2 > 0 \qquad\qquad (3.40)$$

下面探讨均衡点 E_1 和 E_2 的局部稳定性，系统式（3.38）的雅可比矩阵为：

$$J = \begin{bmatrix} 0 & \dfrac{\alpha}{2b_1} \\ k\alpha p_2 & 1 + k\left(a_2 - 4b_2p_2 + \alpha p_1 + \dfrac{b_2c_2}{1+\lambda}\right) \end{bmatrix} \qquad (3.41)$$

雅可比矩阵满足以下条件时均衡点局部稳定：有两个特征实根 φ_1、φ_2，且 $|\varphi_1| < 1$，$|\varphi_2| < 1$。

将 E_1 点代入雅可比矩阵，可知其特征根为 $\varphi_1 = 0$，$\varphi_2 = 1 + k\left(a_2 + \right.$

$\left. \alpha\dfrac{a_1 + \dfrac{b_1c_1}{1+\lambda}}{2b_1} + \dfrac{b_2c_2}{1+\lambda}\right)$，显然 $\varphi_2 > 1$，所以均衡点 E_1 为鞍点。

将 E_2 坐标代入，其雅可比矩阵为：

$$J(E_2) = \begin{bmatrix} 0 & \dfrac{\alpha}{2b_1} \\ k\alpha p_2^* & 1 + k\left(a_2 - 4b_2p_2^* + \alpha p_1^* + \dfrac{b_2c_2}{1+\lambda}\right) \end{bmatrix}$$

雅可比矩阵的迹 $T = 1 + k\left(a_2 - 4b_2p_2^* + \alpha p_1^* + \dfrac{b_2c_2}{1+\lambda}\right)$，

雅可比矩阵行列式 $V = -\dfrac{k\alpha^2 p_2^*}{2b_1}$，

其特征多项式为 $P(\varphi) = \varphi^2 - T\varphi + V$。

E_2 局部稳定的条件，不仅包括条件式（3.40），还应有判别式 $\Delta = T^2 - 4V > 0$，并满足 Jury 条件：$\begin{cases} 1 + T + V > 0 \\ 1 - T + V > 0 \\ 1 - V > 0 \end{cases}$，证明得 $\Delta = T^2 - 4V > 0$，

$1 - T + V > 0$，$1 - V > 0$，因此 E_2 局部稳定条件是 $1 + T + V > 0$。

考察协同创新网络开放性程度对价格离散动态系统式（3.38）的演化影响，将原始系数代入后分析可得以下命题。

命题 3.5：当 $\lambda < \dfrac{k(2b_1b_2c_2 + \alpha b_1c_1)(\alpha^2 + 4b_1b_2)}{4b_1(4b_1b_2 - \alpha^2) - k(\alpha^2 + 4b_1b_2)(\alpha a_1 + 2a_2b_1)} - 1$

时，价格演化处于混沌或分岔状态，不存在均衡价格。当 $\lambda = \lambda^* = \dfrac{k(2b_1b_2c_2+\alpha b_1c_1)(\alpha^2+4b_1b_2)}{4b_1(4b_1b_2-\alpha^2)-k(\alpha^2+4b_1b_2)(\alpha a_1+2a_2b_1)} - 1$ 时，均衡点 E_2 正在进

行翻转分岔。当 $\lambda > \dfrac{k(2b_1b_2c_2+\alpha b_1c_1)(\alpha^2+4b_1b_2)}{4b_1(4b_1b_2-\alpha^2)-k(\alpha^2+4b_1b_2)(\alpha a_1+2a_2b_1)} - 1$

时，价格演化处于稳定状态，有 $0 \leqslant k < k^*$，k^* 为价格调整速度的均衡点，此时有均衡价格 $E_2(p_1^*, p_2^*)$。

　　即，价格调整速度对企业价格的演化产生影响，双寡头企业的价格演化的倍周期分岔现象会由采用 GD 策略的企业较大的价格调整速度引起，导致集群市场中价格演化的混沌现象。所以企业只有保持较低的价格调整速度，才能获得纳什均衡这一价格博弈的最优结果。由命题可知 $\lambda > \dfrac{k(2b_1b_2c_2+\alpha b_1c_1)(\alpha^2+4b_1b_2)}{4b_1(4b_1b_2-\alpha^2)-k(\alpha a_1+2a_2b_1)} - 1$ 为离散系统式（3.38）的稳定

区域。如果临界值 $\lambda^* = \dfrac{k(2b_1b_2c_2+\alpha b_1c_1)(\alpha^2+4b_1b_2)}{4b_1(4b_1b_2-\alpha^2)-k(\alpha^2+4b_1b_2)(\alpha a_1+2a_2b_1)} - 1 > 0$，会导致当 $\lambda \in [0, \lambda^*)$ 时价格演化处于混沌或分岔状态。在现实生活中，双寡头垄断中的企业不会愿意让价格处于混沌或者分岔的状态，所以 $\lambda \geqslant 0$，因此当 $\lambda^* \leqslant 0$ 时，企业的价格演化将处于稳定状态，即：

$$k(2b_1b_2c_2+\alpha b_1c_1)(\alpha^2+4b_1b_2)$$
$$\leqslant 4b_1(4b_1b_2-\alpha^2)-k(\alpha^2+4b_1b_2)(\alpha a_1+2a_2b_1) \qquad (3.42)$$

3.4.4　数值仿真

　　本章节主要利用 Matlab 软件进行数值仿真，对企业的机会识别能力进行分析，研究在存在双寡头企业的市场中，企业的机会识别能力强弱对企业的价格策略选择的影响。

3.4.4.1　数值仿真过程

　　为了分析企业自身机会识别能力对其价格决策的影响，本书借鉴一些参数取值，令 $C=20$，$a=2$，$b=1$，$d=4$，$i=0.5$，并设定参数 i 的

取值范围为 $[0.1]$，代入由上节中的局部稳定均衡条件，在 i 取值范围内，$p_i = 6$ 且不变，$p_j = 1 + 10i$，那么局部均衡点为 $p_i = 6$、$p_j = 8$ 和 $p_i = 6$、$p_j = 3$，由此可得，当企业 2 的机会识别系数 i 的范围大约在 $0.2 < i < 0.7$ 时，产量演化将处于稳定状态，稳定均衡点是 E_2（6，8）、（6，3）。

根据利润计算公式 $\pi_1 = 13.21 - 75i$；$\pi_2 = 1.2 - 2i - 75i_2$，可得企业的价格和利润如表 3 - 7 所示。

表 3 - 7　　　　　　　　不同机会识别能力条件下价格与利润

i	0	0.1	0.2	0.3	0.4	0.5	0.6	0.7	0.8	0.9	1
p_i	6	6	6	6	6	6	6	6	6	6	6
p_j	1	2	3	4	5	6	7	8	9	10	11
π_1	13.21	5.71	-1.79	-9.29	-16.79	-24.29	-31.79	-39.29	-46.79	-54.29	-61.79
π_2	1.2	0.25	-2.2	-6.15	-11.6	-18.55	-27	-36.95	-48.4	-61.35	-75.8

当企业 I 自身机会识别能力较低时，企业选择低价销售，会赢得更高的市场份额并且获得更多利润；根据图 3 - 5 和图 3 - 6 数值仿真结果，可知企业 I 的产品价格 p 和利润 π 随企业自身机会识别能力 i 的变化而变化，在企业自身的机会识别能力 $0.2 < i < 0.7$ 时，企业 I 无论选择何种价格策略其盈利水平都会低于企业 J，此时，企业的产品价格更高、利润更低，所以此时企业 I 应当与企业 J 进行合作，共同进行机会识别以降低产品成本；相反，当企业自身的机会识别能力超过 0.7 时，选择高价销售是更优的价格决策，此时高价虽然不利于产品的市场占有率，但是有利于企业获得更高的利润。同理，对机会识别能力相关参数税率 i 进行赋值，通过数值模拟仿真，可以得到：本小节研究在存在双寡头企业 I 和企业 J 的市场中，企业 I 自身的机会识别水平一定时，企业 J 的机会识别水平 j 的大小对企业 I 产品价格以及所获得的利润的影响。由于企业 I 和企业 J 相互独立且互为对称，所以只需要研究单个企业。

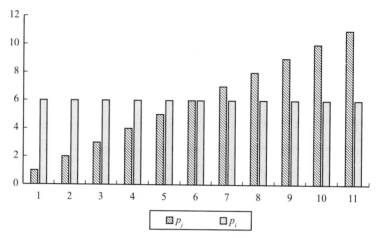

图 3 - 5 机会识别能力不同条件下的价格对比

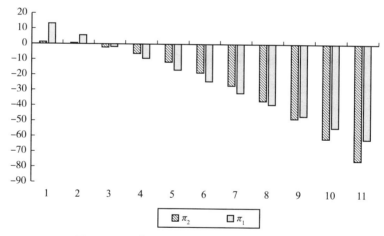

图 3 - 6 机会识别能力不同条件下的利润对比

3.4.4.2 数值仿真结论分析

以双寡头企业为例，研究企业的机会识别能力对企业价格策略选择的影响，在定量数值仿真之后得出如下结论：

（1）在双寡头企业的市场中，当企业机会识别能力较低时，企业选择低价销售产品是此时最优决策。在企业机会识别能力低的时候，企

业 I 机会识别能力的提升会使企业获得很大程度的技术提升，此时单位产品成本的下降，产品价格低，能够增大市场份额，增加企业收益。

（2）在市场内部，寡头企业进行机会识别时，竞争企业 J 的机会识别水平越高，本企业的价格策略选择为低价销售。当本企业的机会识别能力一定时，竞争企业的机会识别能力越高，本企业的竞争压力就越大，竞争企业 J 的高机会识别能力使企业 J 的单位产品生产成本更低，相较而言企业 I 产品成本更高，利润很低，此时应选择与企业 J 进行合作，学习其机会识别能力。

（3）当企业自身的机会识别水平较高甚至达到垄断水平时，产品选择高价策略对企业更为有利。而企业 I 自身的机会识别水平较高时，在进行机会识别时，企业能够将机会识别能力这方面的技术溢出效应内部化，提高企业的技术水平，从而使产品成本更低，产品的价格也更低，并且获得更高的利润。

3.4.5　结论与展望

本章节研究双寡头垄断企业的机会识别能力问题，基于 A – J 模型，引入了机会识别能力系数 d，利用不同的企业机会识别能力对产品价格进行决策，得到的结论如下：

第一，企业自身的机会识别能力与企业的利润始终呈正相关关系，与产品的价格始终呈负相关，企业的机会识别能力越强，此时企业会有更大的概率获得技术提升和成本降低以及收益增加。当企业的机会识别能力较低时，企业选择低价销售是更优价格策略，此时，企业有更大的动力进行机会识别能力提升，机会识别水平提升的产出也更大，降低了单位产品生产成本，从而使产品价格更低，此时企业能够增大市场份额，增加自己的收益；相反，当企业的机会识别水平较高时，企业的更优价格策略是适当抬高产品价格进行销售，因为此时企业能够将机会识别水平溢出的效应内部化，产品的价格更低，产品质量更好，并且获得更高的利润。当寡头企业 I 和 J 进行合作时，竞争企业 J 的机会识别能力越高，本企业的机会识别能力相对更低。而当寡头企业 I 选择与企业 J 合作研发进行机会识别时，由于机会识别在双寡头企业内的传播和流通以及信息共享程度的不断加深，企业间合作研发的成本减少，本企业获得更低的价格以及更高的利润。在合作企业的机会识别完全共享时，企业 I 获取最优的利润收益。

第二，对于双寡头企业而言，当企业的机会识别能力越来越强，那么企业会更希望合作研发。具体原因如下：在机会识别水平较低的时候，低价销售是企业更优的价格决策，当机会识别能力较低时，机会识别能力的提升会让企业的生产技术获得巨大改进，技术的巨大改进使产品成本大幅度降低，企业的利润也大幅度增加；当企业间的机会识别水平较高时，企业没有最优的价格决策，只有相对较优的价格决策，此时企业 I 应当选择合作，共同进行机会识别。然而在企业的机会识别能力较强时，机会识别能力的提升所带来的产品成本降低和利润提升并不明显，这是因为当企业的机会识别能力较强时，机会识别能力的提升对企业产品价格和利润带来的优化相对较低。当企业间的机会识别水平很高时，企业 I 最优的价格决策是高价销售，此时企业 I 的机会识别能力远远领先于其他企业，这时企业拥有充分高的技术创新水平，从而使产品质量提升，成本降低，利润提高。因此，当企业的机会识别能力很强甚至垄断时，高机会识别能力使企业产品质量更高，利润更大。

第三，寡头企业 I 进行机会识别时，随着企业 I 机会识别水平的增加，企业的利润与竞争企业的机会识别能力从相互促进变成互相抑制，造成这种现象的原因如下，双寡头企业另一企业的机会识别能力越强，它对本企业造成的威胁更大；由于机会识别能力的增强，本企业的机会识别能力逐渐覆盖竞争企业 J 的机会识别能力，所以使本企业生产成本降低。由于这两方面因素的共同作用，当企业 I 机会识别能力较低时，另一企业 J 会使本企业的产品失去竞争力，此时应选择低价战略；而当企业 I 机会识别能力较高时，本企业 I 的产品就更具竞争力，此时应选择高价战略。

与前面章节的情形相似，本章节提到的企业主要是指双寡头企业，具有一定的垄断性，在现实情形中，市场上往往是多寡头企业的情形，企业之间不单是垄断的关系，还涉及竞争关系，后续的研究可以使研究对象更加丰富，可以考虑存在多个寡头企业的情形。

第4章 创新生态系统视角下企业创新绩效影响因素的实证分析

4.1 创新生态系统的基础要素与创新绩效

4.1.1 创新生态系统的基础要素情况

在借鉴各类文献的基础上，本章节将创新生态系统的基础要素分为以下三个维度。其中，创新主体在企业的创新活动中起到不可或缺的作用；创新资源在创新生态系统中被用来支持企业各种创新活动的各类投入；创新环境在创新活动中起到润滑和催化作用，三者共同组成创新生态系统的基础要素。因此，关于创新生态系统的基础要素的测量如表4-1所示：

表4-1　　　　创新生态系统的基础要素的测量题项

题项	指标	代码	问题
创新生态系统的基础要素	创新主体	Q1	贵企业的整体创新力
		Q2	当地高校及科研院整体实力
		Q3	当地创新组织的多样化程度

题项	指标	代码	问题
创新生态系统的基础要素	创新资源	Q4	企业的人才资本
		Q5	企业的技术资源
		Q6	企业的研发资金
		Q7	企业的物力资源
	创新环境	Q8	企业的创新文化氛围
		Q9	企业的制度
		Q10	企业的市场环境
		Q11	政府的政策支持
		Q12	当地的创新服务主体多吗（包括银行、律师事务所等）

4.1.2　创新生态系统的基础要素与创新绩效的研究假设

能否实现高的创新绩效，创新主体、创新环境以及创新资源发挥着关键作用。

4.1.2.1　创新主体对创新绩效

创新生态系统中不断推进和支持创新的个体及种群构成了创新主体，它对企业的创新活动意义非凡。本书认为，系统中的创新主体之所以会对企业的创新绩效起作用，主要有以下原因：一是创新主体其自身就具备的创造能力，可以支持自身创新，获得创新绩效，这将成为企业创新绩效的重要成分；二是众多的创新主体具有多样性，可以实现功能有所区别的创新主体之间的合作，这无疑将明显提高系统创新的速率以及成功率。

4.1.2.2　创新资源对创新绩效

本书中，我们认为创新资源是在创新生态系统中被用于支持各种各样的创新活动，而投入包括人才、技术知识、资金等在内的资源。资源基础观认为，企业进行持续性的竞争的优势来自资源，同时这也成为企业进行有关创新的活动并取得相应的创新绩效的重要条件。帕伦特和莱萨奇（Parent and LeSage，2012）认为，影响创新能力的关键因素包括人力资源和创新投资（包含公共的和私人的）。托特林（Todtling，1994）对案例进行研究分析，意识到创新发展能力离不开创新资源。对于该话题，国内外的一些研究学者也认为：创新资源不仅仅成为创新生态系统不可或缺的部分，同时也是一个健康的系统可持续发展的重要展现，协调并整合系统中的资源已然变成实现企业的创新活动并进行创新价值增值的主要路径。

4.1.2.3　创新环境对创新绩效

根植于社会和地域，创新活动都将融入创新环境，且创新活动可以被适宜的创新环境润滑和催化。弗里奇和斯拉夫切夫（Fritsch and Slavtchev，2011）的分析研究显示，诱导关系是存在于创新环境与创新产出当中的，不适宜的创新环境会给创新投入的转化效率带来负面影响。福迪和乌赛（Foddi and Usai，2013）则发现，良好的环境确实会对系统的创新能力产生积极正面的影响。萨克森尼（Saxenian，1991）研究发现良好的创新环境会起到支持创新和激发探索精神的作用，可以说是良好的创新文化环境促使硅谷发生了创新奇迹。创新环境引导创新方向，想要推动创新成果的转化并实现市场价值，需要有效利用创新价值观。

根据以上阐述，本研究的假设如下：

假设 H1：创新生态系统的基础要素对创新绩效产生积极影响。

假设 H1 - 1：创新主体正向作用于创新绩效。

假设 H1 - 2：创新环境正向作用于创新绩效。

假设 H1 - 3：创新资源正向作用于创新绩效。

4.2　创新生态系统的重要特性与创新绩效

4.2.1　创新生态系统的重要特性情况

根据以往的研究成果、测量尺度和指标以及创新生态系统重要特性的研究现状，本章主要着重如下三个维度的测量，具体如表4-2所示：

表4-2　　　　　　　　创新生态系统特性各维度测量题项

题项	指标	代码	问题
创新生态系统的特性	协同创新	Q13	贵企业产学协作的密切程度
		Q14	贵企业的协作能力怎么样
		Q15	贵企业的协助创新成果量
	协调适应	Q16	贵企业对当地创新文化的适应性较强
		Q17	贵企业对各项创新政策的适应与利用较强
		Q18	贵企业对政策调整的反应速度较强
		Q19	贵企业会针对市场环境及时调整技术及产品策略
	共生耦合	Q20	贵企业可以通过创新生态系统达成多样化的合作关系
		Q21	贵企业在创新生态系统中具有明确的系统角色
		Q22	创新生态系统可以为企业提供知识互补和兼容
		Q23	企业同创新生态系统成员能够实现协同演化
		Q24	企业同创新生态系统成员协调交流比较顺畅

4.2.2　创新生态系统的重要特性与创新绩效的研究假设

4.2.2.1　协同创新性、协调适应性对创新绩效

埃德奎斯特和霍曼（Edquist and Hommen，1999）认为创新过程中繁杂、潜在的相互作用存在于各个要素之间。梅特卡夫和拉姆洛根（Metcalfe and Ramlogan，2008）认为，建立真正的创新生态系统的前提是当创新主体与主体之间、创新主体与环境之间建立了紧密的联系。高月蛟和吴和成（2015）验证了主体间的相互作用将会对企业的创新发展能力产生一定的作用，企业通过不断的学习与发展，可以提升其创新能力。

4.2.2.2 共生耦合对创新绩效

在创新生态系统中，我们可以发现创新能力其实具有较大的外部性特征，企业的创新活动也更加重视整合与共享创新生态系统中多方资源，强调物种、群落在系统中的共生耦合，突出创新生态系统中的共生关系。因此，可以说企业的共生耦合也会促进企业的创新。

根据以上理论分析，本研究的假设如下：

假设 H2：创新生态系统的重要特性对创新绩效产生积极影响。

假设 H2 – 1：协同创新性正向作用于创新绩效。

假设 H2 – 2：协调适应性正向作用于创新绩效。

假设 H2 – 3：共生耦合性正向作用于创新绩效。

4.3 创新生态系统的基础要素与重要特性

在创新生态系统中，主体、资源与环境间的交互关系是系统运行演化，实现重要特性的主要动力。

4.3.1 创新主体与重要特性

创新主体不断挖掘创新发展机会，识别创新威胁，制定创新决策，完成物质、能量的交换与信息的反馈，来实现创新生态系统的重要特性。

4.3.2 创新资源与重要特性

创新资源是创新生态系统的不可或缺的一部分，是健康系统进行可持续发展的关键，协调与整合资源是实现重要特性的关键。

4.3.3　创新环境与重要特性

地域性和根植性是创新活动的重要特点，环境会约束创新主体的活动、主体与环境之间的适应，对重要特性有一定的影响。

根据以上理论分析，本研究的假设如下：

假设 H3：创新生态系统的基础要素对重要特性产生积极影响。

假设 H3-1：创新主体正向作用于重要特性。

假设 H3-2：创新资源正向作用于重要特性。

假设 H3-3：组织环境正向作用于重要特性。

4.4　创新生态系统的基础要素、重要特性和创新绩效

创新生态系统具备自组织和自适应性，系统运行演化的重要动力主要是主体与主体间、主体与环境间的交互关系。把创新主体、资源与环境作为基本，通过各个要素间的交互影响的良性动力，达成效益的最大化。协同创新理论显示，协同剩余的获得离不开系统中各要素间的协同，要素充裕并协同良好会使系统的整体功能发挥更大的作用。创新生态系统离不开要素间的互补与协作。所以我们可以发现，创新生态系统将投入基础要素作为开始，利用要素间的耦合共生、适应协调和协同创新，达成企业创新绩效增加的效应，符合创新活动的基本表现。

根据上述理论分析，本研究的假设如下：

假设 H4：在创新生态系统的基础要素对企业创新绩效的影响中，创新生态系统的重要特性起中介作用。

4.5　概念模型

基于大量相关文献的梳理和归纳，本章节提出了一系列研究设想，

并对创新生态系统的基础要素、重要特性和创新绩效三者之间的联系进行了思考，然后得到如图 4 - 1 所示的概念模型。此概念模型的自变量为创新生态系统的基础要素情况，中介变量为重要特性，因变量是企业的创新绩效。

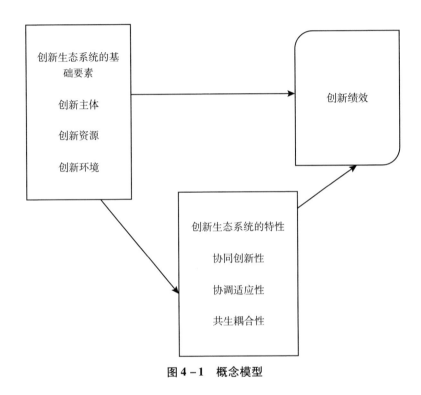

图 4 - 1　概念模型

4.6　数据分析方法

本章节用适当的统计分析方法，如数据的描述性分析、信效度分析、交叉分析等，对从调查问卷中收集的大量数据进行分析，目的在于提取有用信息并得出结论，帮助企业做出正确战略决策。下面对本章节所用方法进行简单的介绍。

4.6.1　描述性分析

描述性分析是用于整理样本整体基本数据特征的方法。本章节以说明企业发展阶段、行业信息等基本数据特征为目的，进行了描述性统计分析。

4.6.2　信度和效度分析

信度是指所测量的结果的可靠程度，本章节采用 α 系数来检验各变量测量题项间的内部信度。所谓效度，是调查问卷能够正确测量测定对象实际特性的程度。有效性越高，数据越好。本研究使用主要成分分析验证样本数据的有效性。

4.6.3　交叉分析

交叉分析是一种用来分析变量间的联系，弥补单一分析方法产生偏差的数据分析方法。本章节将企业整体创新力分别与企业制度、政府政策支持交叉分析，用来研究政府政策支持和企业制度与企业整体创新力的关系。

4.6.4　相关分析

相关分析用来研究定量数据间的联系，比如相关与否、联系紧密度等。此数据分析方法用 Pearson 相关系数，以此来显示相关关系是强是弱，本章节借用相关分析来判断创新生态系统的基础要素、三个重要特性以及创新绩效之间的关联程度。

4.6.5　回归分析

回归分析是使用统计数据理论及数学方法处理多个统计数据，探讨变量之间的相关性，建立较好的相关数学式，预测将来变动的分析方法。本章节采用多元回归分析对创新生态系统的基础要素、重要特性的各维度对创新绩效的影响进行检验和分析。

4.6.6　依次检验法

依次检验法是检验中介作用最常用的方法。中介作用是指自变量 x 与因变量 y 之间的联系在中间变量 M 的间接影响下产生的作用。依次检验法的步骤是根据方程：（1）$Y = cX + e_1$；（2）$M = aX + e_2$；（3）$Y = cX + bM + e_3$ 的顺序，检验各个系数是否显著，若存在某个系数不显著，则停止中介作用检验。

4.7　问卷设计和数据收集

4.7.1　问卷设计

为符合学术上的要求、收集有效并可靠的数据，本章节将根据以下步骤进行问卷的设计：

第一，梳理文献。广泛阅读与本研究主题相关的国内外的文献，整理出有关创新生态系统方面的最新的研究成果，总结出影响创新生态系统的关键指标。

第二，设计问卷。依据经典文献并结合中国企业的实际特点以及与本章节研究主题相关的因素，围绕影响创新绩效的主要因素设置问题，形成问卷初稿。

第三，确定调查问卷。请指导老师对问卷进行审查，并在导师的帮助下谨慎地修改问卷，再形成最终问卷（见附录1）。

4.7.2 数据收集

此次问卷调查的对象主要是企业的员工。因为他们对企业的情况较为了解，在一定程度上可以确保问卷的有效性。本次调查将通过以下方式进行数据收集：（1）借助微信、QQ、微博、新媒体等进行问卷的线上收集；（2）到经济开发区发放问卷，进行问卷的现场填答与回收。

4.8 数据分析与假设检验

4.8.1 样本基本特征分析

本次调查共发放322份问卷，收回240份有效的问卷，有效回收率为74.53%。样本的基本特征描述包括行业分析、企业发展阶段和成立年限，具体数据分析结果如图4-2~图4-4所示。

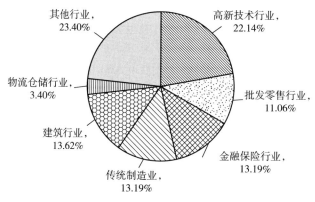

图4-2 行业类别

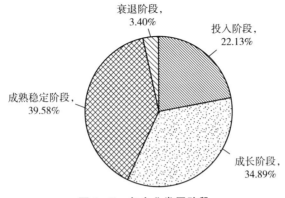

图 4-3 各企业发展阶段

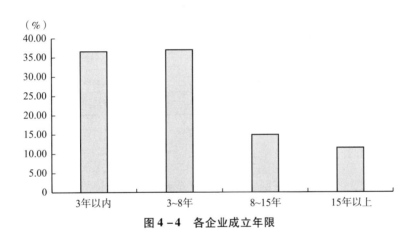

图 4-4 各企业成立年限

本小节依据国家行业标准将调查主体划分为如图 4-2 中所示的行业类别,再借助国家数据库及问卷调查,归纳统计企业发展阶段和成立年限,清晰明了地展现企业基本数据的差别。

4.8.2 信度和效度检验

4.8.2.1 信度检验

本章节采用了 Cronbach's alpha 系数工具对问卷分量表和总量表进

行信度测验，其评判标准为：数值大于等于 0.70，问卷可接受；若介于 0.70 和 0.98 之间则是高信度；而若低于 0.35 是低信度，则需重新设计问卷。本章节研究的问卷信度结果具体如表 4 − 3 所示，各项指标的信度均大于 0.70，表明本研究设计的问卷信度较高。

表 4 − 3 问卷信度分析

分量表类型		Cronbach's alpha		检验结果
创新生态系统基础要素情况（12）	创新主体（3）	0.943	0.881	通过
	创新资源（4）		0.886	
	创新环境（5）		0.871	
创新生态系统的特性（12）	协调创新（3）	0.945	0.861	通过
	协调适应（4）		0.880	
	共生耦合（5）		0.913	
创新绩效情况（6）	创新绩效情况（6）	0.908	0.908	通过
总变量		0.953		通过

4.8.2.2 效度检验

区分效度即问卷调查的实效性，精确测量的结果与精确测量的内容一致性越高，表明区分效度越好，反之，则越低。本章节目录将关键根据内容效度及其结构效度来检测该问卷调查的实效性。本研究的问卷调查内容效度较高，是因为其是根据完善的研究成效和企业具体情况。为确保问卷调查的结构效度，防止剖析中的共线性难题，必须对自变量开展因子分析法。殊不知，在因子分析法以前，要对样板的无偏性（KMO）和圆球开展度量。若 KMO 值在 0.7 ~ 0.8 及之上，则说明数据信息很合适开展因子分析法；KMO 值在 0.6 ~ 0.7，表明该项数据信息不太合适开展因子分析法；KMO 值在 0.6 及以下，则不宜开展因子分析法。球形检测时，若显著性差异概率低于 0.01，则表明样板数据信息合适开展因子分析法。

1. 创新生态系统的基础要素

基于可靠性分析,本章节对创新生态系统的基础要素进行如表 4 - 4 所示的检验,结果显示创新生态系统的基础要素的 KMO 值大于 0.9, Bartlett 检验值的显著性概率为 0,表明创新生态系统的基础要素可以进行因子分析。

表 4 - 4　　　　　创新生态系统基础要素的 **KMO** 值

和 **Bartlett** 的检验结果

取样足够度的 Kaiser – Meyer – Olkin 度量		0.942
Bartlett 的球形度检验	近似卡方	2186.323
	df	66
	Sig.	0.000

2. 创新生态系统的重要特性

对创新生态系统的重要特性方面的数据进行充分性测度和球体检验,结果如表 4 - 5 所示。其中 KMO 值为 0.933,显著性概率为 0,其适合进行因子分析。

表 4 - 5　　　创新生态系统的重要特性 **KMO** 值和 **Bartlett** 的检验

取样足够度的 Kaiser – Meyer – Olkin 度量		0.9331
Bartlett 的球形度检验	近似卡方	2067.953
	df	66
	Sig.	0.000

3. 创新绩效

下面对创新绩效层面的数据进行充分性测度和球体检验,详细结果如表 4 - 6 所示。其中 KMO 值为 0.911,显著性概率为 0,其适合进行因子分析。

表 4 - 6 　　　　　　　　创新绩效 KMO 值和 Bartlett 的检验

取样足够度的 Kaiser – Meyer – Olkin 度量		0.911
Bartlett 的球形度检验	近似卡方	921.226
	df	15
	Sig.	0.000

4.8.3　相关分析

本研究借助 SPSS 20.0 数据处理工具对变量进行相关分析,得到如表 4 - 7 所示的相关系数矩阵,并为后续的回归分析研究提供数据技术支持。

表 4 - 7 　　　　　　　　变量间的相关性分析

变量	A	B	C	D	E	F	G
创新绩效	1	—	—	—	—	—	—
共生耦合	0.871 **	1	—	—	—	—	—
协调适应	0.788 **	0.781 **	1	—	—	—	—
协同创新	0.674 **	0.676 **	0.763 **	1	—	—	—
创新环境	0.696 **	0.659 **	0.795 **	0.747 **	1	—	—
创新资源	0.705 **	0.590 **	0.720 **	0.736 **	0.816 **	1	—
创新主体	0.775 **	0.727 **	0.724 **	0.755 **	0.783 **	0.699 **	1

4.8.4　回归分析

本章节基于变量之间的相关性,进行回归分析,来进一步分析变量之间的因果关系,验证前文的研究假设。

4.8.4.1　创新生态系统的基础要素与创新绩效

在探究创新生态系统的基础要素情况对企业的创新绩效的影响作

用时，本章节将创新生态系统基础要素的三个维度作为独立变量、创新绩效作为依赖变量来测度其对创新绩效的影响，回归分析的结果数据如表 4 - 8 所示。

表 4 - 8　　　　　创新生态系统的基础要素各维度
对创新绩效的回归分析

模型		非标准化系数		标准化系数	t	Sig.
		B	标准误差	试用版		
1	（常量）	0.827	0.153	—	5.400	0.000
	创新主体	0.194	0.073	0.213	2.653	0.009
	创新资源	0.105	0.082	0.114	1.281	0.016
	创新环境	0.489	0.073	0.519	6.657	0.000
R²		0.664				
调整 R²		0.643				

将创新生态系统的基础要素各维度与创新绩效建立一个线性回归模型：

$y_1 = a_1 x_1 + a_2 x_2 + a_3 x_3 + b$，其中 y_1 为创新绩效；x_1 代表创新主体，x_2 代表创新资源，x_3 代表创新环境；b 为常数，表示在没有 x 影响下 y 的平均值。

由表 4 - 8 可知，x_1、x_2、x_3 的 Sig.（即斜率 P 值）都小于 0.05，换句话说，就是这一切都是有意义的，三个变量均不能被剔除，恒定 P 值 = 0.827 > 0.05，表示常量为 0，即回归方程通过原点。创新主体的回归系数值为 0.194，这意味着创新主体将会对企业的创新绩效产生显著的正向影响。创新资源的回归系数值为 0.105，这意味着创新资源会对企业的创新绩效产生显著的正向影响。创新环境的回归系数值是 0.485，这意味着创新环境会对企业的创新绩效产生显著的正向影响。

总结分析可知，创新生态系统的基础要素对企业的创新绩效的回归方程为：$y_1 = 0.194 x_1 + 0.105 x_2 + 0.489 x_3$。

此回归方程的解释力为 66.4%，创新主体、创新资源、创新环境对创新绩效有较为显著的正向作用，假设 H1、假设 H1 - 1、假设 H1 - 2、假设 H1 - 3 得到验证。

4.8.4.2　创新生态系统的重要特性对创新绩效产生积极影响

研究创新生态系统的重要特性对创新绩效的影响时，将创新生态系统的重要特性的三个维度：协同创新性、协调适应性、共生耦合性设为自变量，企业的创新绩效设为因变量进行回归分析，结果如表 4 - 9 所示。

表 4 - 9　　　创新生态系统的重要特性对创新绩效的回归分析

模型		非标准化系数		标准系数	t	Sig.
		B	标准误差	试用版		
1	（常量）	0.277	0.128	—	2.157	0.032
	协同创新	0.196	0.059	0.099	1.630	0.005
	协调适应	0.291	0.071	0.292	4.094	0.000
	共生耦合	0.542	0.069	0.535	7.877	0.000
R^2		0.758				
调整 R^2		0.743				

将创新生态系统的重要特性情况各维度与创新绩效之间建立一个线性回归模型：

$y_3 = a_1 x_1 + a_2 x_2 + a_3 x_3 + b$，其中 y_3 为创新绩效；x_1 为协同创新，x_2 为协调适应，x_3 为共生耦合；b 为常数，表示在没有 x 影响下的 y_3 的平均值。

由表 4 - 9 可知，x_1、x_2、x_3 的 Sig. （即斜率 P 值）都小于 0.05，换句话说，即三个变量均不能剔除；常量 P 值 = 0.277 > 0.05，表明常量为 0，即回归方程模型过原点。

总结分析可知，创新生态系统的重要特性对创新绩效的回归方程为：$y_3 = 0.196 x_1 + 0.291 x_2 + 0.542 x_3$。

此回归方程的解释力为 75.8%，即创新生态系统的重要特性对创

新绩效产生积极影响，假设 H2、假设 H2 - 1、假设 H2 - 2、假设H2 - 3
成立。

4.8.4.3 创新生态系统的基础要素与重要特性

探究创新生态系统的基础要素对重要特性的作用时，将创新生态系
统的基础要素的三个维度设为自变量，因变量为重要特性，回归分析的
结果如表 4 - 10 所示。

表 4 - 10 创新生态系统的基础要素各维度
对重要特性的回归分析

模型		非标准化系数		标准系数	t	Sig.
		B	标准误差	试用版		
1	（常量）	0.639	0.095	—	6.746	0.000
	创新主体	0.266	0.048	0.310	5.500	0.000
	创新资源	0.317	0.054	0.419	7.310	0.000
	创新环境	0.548	0.046	0.620	11.818	0.000
R^2		0.901				
调整 R^2		0.813				

将创新生态系统的基础要素的各维度与重要特性之间建立一个线性
回归模型：

$y_2 = a_1 x_1 + a_2 x_2 + a_3 x_3 + b$，其中，$y_2$ 为重要特性；x_1 代表创新主
体，x_2 代表创新资源，x_3 代表创新环境；b 为常数，表示在没有 x 影响
下 y_2 的平均值。

由表 4 - 10 可知，x_1、x_2、x_3 的 Sig.（即斜率 P 值）都是 0.000 <
0.05，换句话说就是都有重要意义，三个变量可以全部保留；常量 P
值 = 0.639 > 0.05，表示常量为 0，即回归方程模型经过原点。

基础要素对重要特性的回归方程为：$y_2 = 0.266 x_1 + 0.317 x_2 +
0.548 x_3$。

此回归方程的解释力为 90.1%，创新主体、创新资源、创新环

境对重要特性有较为显著的正向作用，即假设 H3、假设 H3 – 1、假设 H3 – 2、假设 H3 – 3 必然成立。

4.8.5 依次检验法

在本章节构建的图 4 – 1 概念模型中，我们将创新生态系统的基础要素情况视为自变量（X），创新绩效为因变量（Y），创新生态系统的重要特性视为中介变量（M）。为了探究创新生态系统的重要特性的中介作用，现根据依次检验法进行以下检验。

4.8.5.1 创新生态系统的基础要素对创新绩效的作用检验

当我们验证自变量对因变量的影响作用时，我们可以首先构建方程：$Y = cX + e_1$，用回归分析对系数 c 进行检验。如果 c 并不显著，表明中介效应并不存在，停止检验；c 如果显著，仍不能说明中介效应一定存在，还需要进行接下来的检验：自变量对中介变量的回归检验。

表 4 – 11 的结果显示：X 的 Sig.（即斜率 c 值）是 $0.000 < 0.05$，即表明显著；常量 e_1 值 $= 0.848 > 0.05$，表示常量为 0，即回归方程模型通过原点，因此 $Y = 0.778X$。

表 4 – 11　　　　创新生态系统的基础要素情况对
创新绩效的作用检验

模型		非标准化系数		标准系数	t	Sig.
		B	标准误差	试用版		
1	（常量）	0.848	0.156	—	5.436	0.000
	创新生态系统的基础要素	0.778	0.044	0.785	17.870	0.000

4.8.5.2 创新生态系统的基础要素对其重要特性的作用检验

当我们进行检验自变量对中介变量的影响作用时，我们可以首先构建方程：$M = aX + e_2$，用回归分析对系数 a 进行检验。如果系数是显著的，表明 X 的确可以用来预测 M，需要注意的是，这并没有解释中介效应的必然存在。如果 a 并不显著，接下来我们要通过 sobel 进行检验。暂不做 sobel 检验，是由于我们还需检验中介变量对因变量的影响作用。

表 4 - 12 结果显示：X 的 Sig.（即斜率 a 值）是 $0.000 < 0.05$，即表明显著；常量 e_2 值 $= 0.657 > 0.05$，表示常量为 0，即回归方程模型会经过原点，因此 $Y = 0.825X$。

表 4 - 12 创新生态系统的基础要素对创新生态系统的
重要特性的作用检验

模型		非标准化系数		标准系数	t	Sig.
		B	标准误差	试用版		
1	（常量）	0.657	0.111	—	5.900	0.000
	创新生态系统的基础要素	0.825	0.031	0.883	26.542	0.000

4.8.5.3 创新生态系统的重要特性对创新绩效的作用检验

现在要检验中介变量 M 和因变量 Y 两者的联系，即方程 $Y = cX + bM + e_3$ 的系数是否显著。如果 c 是显著的，同时 b 显著，中介效应的存在就可以被证明；c 和 b 中如果有一个不显著，剩下的是否显著是未知的，那么我们就需要进行索贝尔测试。当 sobel 检验是显著的，则中介效应是存在的。

由表 4 - 13 可知，X、M 的 Sig.（即斜率 P 值）都是 $0.000 < 0.05$，即表明显著；常量 P 值 $= 0.285 > 0.05$，表示常量为 0，即回归方程模型通过原点。回归方程为：$Y = 0.771X + 0.857M$。

经过以上一系列的依次检验可知，创新生态系统的重要特性在创新生态系统的基础要素对创新绩效影响过程中充当中介作用，假设 H4 成立。

表4-13　　　　创新生态系统的重要特性对创新绩效的作用检验

模型		非标准化系数		标准系数	t	Sig.
		B	标准误差	试用版		
1	（常量）	0.285	0.134	—	2.125	0.035
	创新生态系统的基础要素	0.771	0.074	0.672	0.966	0.005
	创新生态系统的重要特性	0.857	0.079	0.808	10.882	0.000

4.8.6　假设检验结果汇总

依据前面多元回归分析和结构方程模型分析，本小节对各个研究的假设检验结果进行了汇总，如表4-14所示。

表4-14　　　　　　　　　　假设检验结果汇总

序号	假设	结果
假设 H1	创新生态系统的基础要素对创新绩效产生积极影响	通过
假设 H1-1	创新主体正向作用于创新绩效	通过
假设 H1-2	创新资源正向作用于创新绩效	通过
假设 H1-3	创新环境正向作用于创新绩效	通过
假设 H2	创新生态系统的重要特性对创新绩效产生积极影响	通过
假设 H2-1	协同创新正向作用于企业创新绩效	通过
假设 H2-2	协调适应正向作用于企业创新绩效	通过
假设 H2-3	共生耦合正向作用于企业创新绩效	通过
假设 H3	创新生态系统的基础要素对重要特性产生积极影响	通过
假设 H3-1	创新主体正向作用于重要特性	通过
假设 H3-2	创新资源正向作用于重要特性	通过
假设 H3-3	创新环境正向作用于重要特性	通过
假设 H4	创新生态系统的基础要素对创新绩效的影响中，创新生态系统的重要特性起中介作用	通过

4.8.7 研究结论

4.8.7.1 创新生态系统的基础要素对创新绩效的作用

本章节通过多元回归分析验证了创新生态系统的基础要素的三个维度（创新主体、创新资源以及创新环境）与企业的创新绩效存在着显著的相关关系，支持了本章节的研究假设。由此得出，创新生态系统的基础要素能够提高企业的创新效率。总之，创新生态系统的基础要素对企业创新的成功有重大意义。

4.8.7.2 创新生态系统的重要特性对创新绩效的作用

通过回归分析，本研究确定了创新生态系统的重要特性对创新绩效的积极影响，支持通过本章节研究假设 H2、假设 H2 – 1、假设 H2 – 2 及假设 H2 – 3。通过创新生态系统的协同创新性、协调适应性和共生耦合性，企业将更好地吸收并整合企业内外的技术、知识、资源等，并将其应用于实际工作，从而加强研发、生产和服务能力，促进创新效率提高。

4.8.7.3 创新生态系统的重要特性的中介作用

将创新生态系统的基础要素、创新生态系统的重要特性、创新绩效三者再次进行回归分析，结果显示：增加创新生态系统的重要特性，创新生态系统的基础要素与企业的创新绩效两者之间仍然呈线性关系，说明创新生态系统的重要特性在创新生态系统的基础要素和企业的创新绩效之间发挥着中介作用，支持本章节的研究假设 H3。

4.8.7.4 创新生态系统对重要特性的影响

本章节通过多元回归分析验证了创新生态系统的三个维度（创新主体、创新环境、创新资源）与重要特性存在着明显的正相关关系，支持了本章节的研究假设。把握好创新主体、创新环境、创新资源的相互关系，是充分利用创新生态系统的重要特性的有效途径。

4.9　以安徽省为例的创新生态系统与创新绩效的实证分析

4.9.1　安徽省创新绩效的影响因素分析及假设

4.9.1.1　创新生态系统视角与创新绩效

为了实现高的创新绩效，创新生态系统视角应该具备适应不确定创新环境和一定的管理水平的灵活性。

1. 环境因素对创新绩效

环境之所以会影响创新生态系统视角，是由于环境的复杂性直接影响各组织创新绩效的各项指标。互联网技术的进步和信息技术的高速发展，极大地改变了内部和外部环境，深刻地推动着企业管理创新水平提高。

2. 创新热情对创新绩效

管理水平因素直接影响了企业内部管理及运营，管理水平的高低决定着企业战略方向。企业管理对企业发展是必不可少的，同时员工参与管理又从多方面推动企业管理的纵深发展，也成为企业提升绩效的必要条件。

3. 创新生态组织对创新绩效

信息畅通、反应迅速的创新生态系统视角会对创新绩效产生一定作用。不仅可以帮助企业识别和获取最新的创新机会，还有利于在内部安排方面更加高效，进而可以促进我国企业发展表现出较高的创新绩效。

4. 组织规模对创新绩效

创新绩效与组织规模、技术累积和储备以及培训学习系统有可能存在正相关关系。

基于上述，本研究的假设如下：

假设 H5：创新生态视角对创新绩效产生积极影响。

假设 H5 - 1：环境因素正向作用于创新绩效。

假设 H5 - 2：创新热情正向作用于创新绩效。

假设 H5 - 3：创新生态组织正向作用于创新绩效。

假设 H5 - 4：组织规模正向作用于创新绩效。

4.9.1.2　组织绩效与创新绩效

本章节整理了组织绩效对创新绩效的影响理论，如表 4 - 15 所示，并且以这一系列相关理论为基础提出的假设如下：

假设 H6：组织绩效对创新绩效有显著作用。

假设 H6 - 1：学习意图正向作用于创新绩效。

假设 H6 - 2：吸收能力正向作用于创新绩效。

假设 H6 - 3：整合能力正向作用于创新绩效。

表 4 - 15　　　　　　　组织绩效各维度对创新绩效的作用

维度	作者	主要观点
组织规模	张庆垒、刘春林、郑莹（2020）	组织游移尺度和创新绩效的相关关系呈现倒"U"型
	林丽（2015）	企业发展国际化对创新工作绩效的作用受到企业对海外知识的消化吸收能力的调节影响，吸收能力可以促进企业创新绩效的提高
	余浩、刘文浩、陈崇（2020）	环境动态性正向作用于动态能力与创新绩效
学习投资	晏梦灵等（2016）	组织的学习动向有助于提高组织内成员的创造性，促进创新能力的提高
	周袁忠（2014）	一个组织中，如果员工进行持续地知识学习、交流、分享，那么它往往表现出较高的技术创新能力和绩效
良好机制	蒋勤峰（2016）	整合能力和组织学习能力显著正向影响技术创新绩效
	刘颜楷和尤建新（2019）	整合能力有利于加快组织变革和提高价值创造率，从而提高业务性能

4.9.1.3　创新生态系统视角、组织绩效与创新绩效

纵观国内外文献，本研究发现：具有某些创新生态系统特征的创新模式有利于组织绩效和创新绩效的提高。企业创新活动是贯穿于组织绩效过程中的，其借助组织绩效实现创新绩效的提高。组织绩效能够加快组织机构中的知识产出，促进技术能力和管理能力提高，创造有益于创新的条件。简单来说，创新绩效是组织绩效的结果，组织绩效良好的创新生态系统视角是有益于激发创新活力、取得创新绩效的。

根据上述分析，本章节提出如下假设：

假设 H7：在创新生态视角对企业创新绩效的影响中，组织绩效起中介作用。

4.9.2　概念模型

基于以上大量相关文献的梳理和归纳，本章节研究提出了一系列研究假设，并探索了创新生态系统视角、组织绩效、创新绩效三者之间的联系和相互作用，然后得到图 4-5 所示的概念模型。此概念模型的自变量为创新生态系统视角，中介变量为组织绩效，因变量为创新绩效。

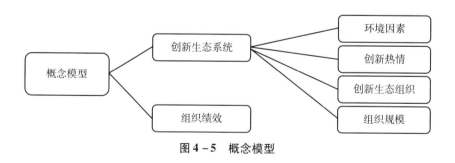

图 4-5　概念模型

4.9.3　数据分析方法

本小节采用适当的统计分析方法，如数据的描述性分析、信效度分

析、交叉分析等分析方法，以安徽省为例，对当地的企业进行问卷调查、实地走访，并且采用网上查阅企业资料等方式，收集大量数据并进行分析，目的在于提取有用信息并得出结论，帮助企业作出正确战略决策。

4.9.4 问卷设计和数据收集

4.9.4.1 问卷设计

为了确保研究的准确性和实用性、体现问卷调查的严谨性，本研究收集到有效可靠的数据，并根据以下步骤进行问卷设计：

第一，梳理文献。广泛阅读与研究主题相关的国内外文献，整理出创新绩效方面的最新研究成果，总结出影响创新绩效的关键指标。

第二，设计问卷。根据经典文献，结合安徽省企业实际特点以及影响本章节研究主题的相关因素，围绕影响创新绩效的主要因素设置问题，形成问卷初稿。

第三，确定调查问卷。请指导老师对问卷进行审查，并在导师的指导下谨慎修改问卷，再形成最终问卷，问卷设计见附录2。

4.9.4.2 数据收集

此次问卷收集的数据来源于：国家统计局公开数据、企业高层和中层管理人员、企业基层员工。为了保证调查问卷有效，本次调查通过以下方式方法进行数据收集：（1）登录国家统计局官方网站查询或依托微博、微信、QQ新媒体平台进行问卷线上收集；（2）到经济开发区发放问卷，现场填答和回收。

4.9.5 数据分析与假设检验

4.9.5.1 样本基本特征分析

本次调查共发放问卷620份，回收550份有效问卷，有效率为

88.71%。样本基本特征描述包括行业分析、企业规模、员工岗位分布，结果如图4-6~图4-8所示。

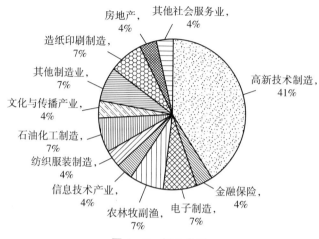

图4-6　行业类别

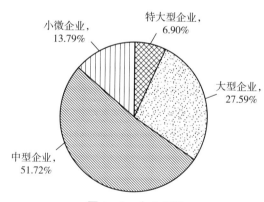

图4-7　企业规模

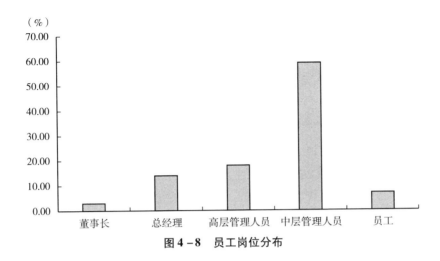

图 4 - 8　员工岗位分布

本研究依据国家行业标准将调查主体划分为图 4 - 8 中所展现的员工岗位分布类别，借助国家数据库及问卷调查归纳统计行业销售额和员工总人数，清晰明了地展现行业基本数据的差别。

4.9.5.2　信度和效度检验

1. 信度检验

本章节主要采用 Cronbach's alpha 系数分析工具对问卷分量表和总量表进行数据信度测验，其评判标准为：数值大于等于 0.70，问卷就可接受；在 0.70 ~ 0.98 之间是高可靠性的；0.35 以下是低可靠性的，问卷必须重新设计。本研究的问卷信度结果具体如表 4 - 16 所示，各项指标的信度均大于 0.70，表示问卷设计信度较高。

2. 效度检验

本章节的问卷内容效度较高，是因为其基于成熟的研究成果和企业实际情况。为保证问卷的结构效度，避免分析中的共线性问题，需要对变量进行因子分析。然而，在因子分析之前，要对样本的充分性（KMO）和球体进行测度。如果 KMO 值在 0.7 ~ 0.8 及以上，则表示该数据非常适合因子分析；KMO 值在 0.6 ~ 0.7，表示数据不适合因子分析；KMO 值在 0.5 ~ 0.6 及以下，则不太适合，球体检验时，显著性水平概率小于 0.01。

表 4 - 16   问卷信度分析

Cronbach 信度分析			
名称	校正项总计相关性（CITC）	校正项已删除的 α 系数	Cronbach α 系数
1. 贵企业所在行业技术变化很快？	0.881	0.753	
2. 贵企业创新项目的架构显著受到掌握资源及手段的影响？	0.819	0.758	
3. 贵企业产品在同行业中同质化程度很高？	0.876	0.756	
4. 贵企业主要业务领域顾客总是在寻求新产品？	0.744	0.758	
5. 贵企业领导人开发的创意或产品有很高的原创性？	0.74	0.758	
6. 贵企业新产品开发速度远远高于行业标准？	0.794	0.759	
7. 贵企业创新决策主要追求未来收益？	0.828	0.757	
8. 贵企业内分工逐渐明确？	0.814	0.759	
9. 贵企业对职能部门给予较多重视？	0.845	0.758	
10. 贵企业对部门或个人的授权程度逐渐合理？	0.817	0.757	
11. 贵企业的年销售额在业内具有竞争力？	0.853	0.757	0.768
12. 贵企业的员工总人数在业内处于领先位置？	0.865	0.756	
13. 贵企业积极鼓励有效的创新观念和行为，并给予奖励？	0.843	0.756	
14. 贵企业积极投资员工在学习方面的费用？	0.845	0.757	
15. 贵企业有很完善的员工培训项目和计划？	0.860	0.756	
16. 贵企业认为员工的学习能力是企业成功的关键因素？	0.841	0.757	
17. 贵企业具有让新知识新信息跨部门流动的完整机制？	0.902	0.757	
18. 贵企业能迅速反应市场需求并落实到生产上？	0.862	0.756	
19. 相比同行而言，贵企业的新产品（服务）市场占有率高？	0.847	0.757	

续表

Cronbach 信度分析			
名称	校正项总计相关性（CITC）	校正项已删除的 α 系数	Cronbach α 系数
20. 贵企业会打破常规工作流程以加速实现创新目标？	0.847	0.756	0.768
21. 贵企业绩效评估方案可以准确评价员工的创新贡献？	0.855	0.757	
总分	1	0.98	
标准化 Cronbach α 系数：0.982			

　　基于可靠性分析，本章节对创新生态系统视角要素进行了如表 4 - 17 所示的检验，结果显示创新生态系统视角的 KMO 值大于 0.9，意义概率值 Bartlett 检验为 0.00，表明创新生态系统视角模块可以进行因子分析。

表 4 - 17　创新生态系统视角的 KMO 值和 Bartlett 的检验结果

效度分析结果		
名称	因子载荷系数 因子 1	共同度（公因子方差）
1. 贵企业所在行业技术变化很快？	0.886	0.784
2. 贵企业创新项目的架构显著受到掌握资源及手段的影响？	0.826	0.682
3. 贵企业产品在同行业中同质化程度很高？	0.883	0.78
4. 贵企业主要业务领域顾客总是在寻求新产品？	0.751	0.564
5. 贵企业领导人开发的创意或产品有很高的原创性？	0.75	0.562
6. 贵企业新产品开发速度远远高于行业标准？	0.803	0.644
7. 贵企业创新决策主要追求未来收益？	0.837	0.701
8. 贵企业内分工逐渐明确？	0.825	0.681
9. 贵企业对职能部门给予较多重视？	0.855	0.73

续表

效度分析结果		
名称	因子载荷系数	共同度（公因子方差）
	因子 1	
10. 贵企业对部门或个人的授权程度逐渐合理？	0.826	0.683
11. 贵企业的年销售额在业内具有竞争力？	0.862	0.743
12. 贵企业的员工总人数在业内处于领先位置？	0.873	0.763
13. 贵企业积极鼓励有效的创新观念和行为，并给予奖励？	0.852	0.725
14. 贵企业积极投资员工在学习方面的费用？	0.854	0.73
15. 贵企业有很完善的员工培训项目和计划？	0.868	0.754
16. 贵企业认为员工的学习能力是企业成功的关键因素？	0.849	0.721
17. 贵企业具有让新知识新信息跨部门流动的完整机制？	0.908	0.825
18. 贵企业能迅速反应市场需求并落实到生产上？	0.871	0.758
19. 相比同行而言，贵企业的新产品（服务）市场占有率高？	0.855	0.731
20. 贵企业会打破常规工作流程以加速实现创新目标？	0.856	0.733
21. 贵企业绩效评估方案可以准确评价员工的创新贡献？	0.864	0.746
总分	1	1
特征根值（旋转前）	16.041	—
方差解释率（%，旋转前）	72.913	—
累积方差解释率（%，旋转前）	72.913	—
特征根值（旋转后）	16.041	—
方差解释率（%，旋转后）	72.913	—
累积方差解释率（%，旋转后）	72.913	—
KMO 值	0.34	—
巴特球形值	2886.491	—
df	231	—
p 值	0	—

4.9.5.3 交叉分析

通过交叉分析，可以很清晰地了解不同行业对技术研发的注重程度和自主创新认知，结果显示高新技术行业人员对创新的认知更加清晰，建筑行业人员的创新意识相对薄弱。

从表4-18可知，利用卡方检验（交叉分析）去研究13（贵企业积极鼓励有效的创新观念和行为，并给予奖励?）对于19（相比同行而言，贵公司的新产品（服务）市场占有率高?）共1项的差异关系，从表4-18可以看出：不同13样本对于19共1项呈现出显著性（p＜0.05），意味着不同13样本对于19共1项呈现出差异性，具体可结合括号内百分比进行差异对比。

表4-18　　　　　　　奖励员工创新和市场占有率的交叉分析

交叉（卡方）分析结果

题目	名称	1. 奖励员工创新?（%）				总计	χ^2	p
		2	3	4	5			
1. 新品市场占有率高?	2	3 (23.08)	3 (12.50)	0 (0.00)	0 (0.00)	6 (10.91)		
	3	10 (76.92)	14 (58.33)	2 (28.57)	0 (0.00)	26 (47.27)		
	4	0 (0.00)	6 (25.00)	4 (57.14)	1 (9.09)	11 (20.00)	51.436	0.000 **
	5	0 (0.00)	1 (4.17)	1 (14.29)	10 (90.91)	12 (21.82)		
总计		13	24	7	11	55		

* p＜0.05，** p＜0.01

第 13 项对于第 19 项呈现出 0.01 水平显著性（chi = 51.436，p = 0.000 < 0.01），相反的百分比差异发现，2.0 选择 2.0 的比例 23.08%，比 10.91% 的平均水平显著高。2.0 选择 3.0 的比例 76.92%，会明显高于平均水平 47.27%。3.0 选择 3.0 的比例 58.33%，这比 47.27% 的平均水平显著高。4.0 选择 4.0 的比例 57.14%，会显著高于行业平均发展水平 20.00%。5.0 选择 5.0 的比例 90.91%，这比 21.82% 的平均水平显著高。

总结可知：不同 13 样本对于 19 全部呈现出显著性差异。

从表 4 - 19 可知，利用卡方检验（交叉分析）去研究 9（贵企业对职能部门给予较多重视？）对于 20（贵企业会打破常规工作流程以加速实现创新目标？）共 1 项的差异关系，从表 4 - 19 可以看出：不同 9 样本对于 20（1 项显示显著），意味着不同 9 样本对于 20 共 1 项均呈现出差异性，具体可结合括号内百分比进行差异对比。

表 4 - 19　　　　　　重视职能和创新调整工作流程的交叉分析

交叉（卡方）分析结果

题目	名称	1. 重视职能部门？（%）				总计	χ^2	p
		2	3	4	5			
1. 为创新调整常规流程？	2	2 (50.00)	8 (30.77)	1 (7.69)	0 (0.00)	11 (20.00)	44.833	0.000**
	3	1 (25.00)	11 (42.31)	5 (38.46)	0 (0.00)	17 (30.91)		
	4	1 (25.00)	7 (26.92)	6 (46.15)	2 (16.67)	16 (29.09)		
	5	0 (0.00)	0 (0.00)	1 (7.69)	10 (83.33)	11 (20.00)		
总计		4	26	13	12	55		

* p < 0.05，** p < 0.01

9 对于 20 呈现出 0.01 水平显著性（chi = 44.833，p = 0.000 < 0.01），通过有效百分比进行对比分析差异可知，2.0 选择 2.0 的比例为 50.00%，会明显高于行业平均发展水平 20.00%。3.0 选择 2.0 的比例 30.77%，这将是比 20.00% 的平均水平显著高。3.0 选择 3.0 的比例 42.31%，这比 30.91% 的平均水平显著高。4.0 选择 3.0 的比例 38.46%，这比 30.91% 的平均水平显著高。4.0 选择 4.0 的比例 46.15%，会明显高于行业平均发展水平 29.09%。5.0 选择 5.0 的比例 83.33%，这将是比 20.00% 的平均水平显著高。

总结可知：不同 9 样本对于 20 全部呈现出显著性差异。

从表 4 - 20 可知，利用卡方检验（交叉分析）去研究 14（贵企业积极投资员工在学习方面的费用？）对于 19（相比同行而言，贵公司的新产品（服务）市场占有率高？）共 1 项的差异关系，从表 4 - 20 可以看出：不同 14 样本对于 19 共 1 项呈现出显著性（p < 0.05），意味着不同 14 样本对于 19 共 1 项均呈现出差异性，具体可结合括号内百分比进行差异对比。

第 14 项对于第 19 项呈现出 0.01 水平显著性（chi = 41.061，p = 0.000 < 0.01），相反的百分比差异发现，2.0 选择 2.0 的比例 33.33% 比 10.91% 的平均水平显著高。3.0 选择 3.0 的比例 56% 比 47.27% 的平均水平显著高。4.0 选择 4.0 的比例 33.33% 比 20% 的平均水平显著高。5.0 选择 5.0 的比例 83.33% 比 21.82% 的平均水平显著高。

总结可知：不同 14 样本对于 19 全部呈现出显著性差异。

表 4 - 20　　　　　投资员工学习和市场占有率高的交叉分析

交叉（卡方）分析结果

题目	名称	1. 投资员工学习？（%）				总计	χ^2	p
		2	3	4	5			
1. 新品市场占有率高？	2	2 (33.33)	4 (16.00)	0 (0.00)	0 (0.00)	6 (10.91)	41.061	0.000 **
	3	4 (66.67)	14 (56.00)	7 (58.33)	1 (8.33)	26 (47.27)		

续表

交叉（卡方）分析结果

题目	名称	1. 投资员工学习？（%）				总计	χ^2	p
		2	3	4	5			
1. 新品市场占有率高？	4	0 (0.00)	6 (24.00)	4 (33.33)	1 (8.33)	11 (20.00)	41.061	0.000 **
	5	0 (0.00)	1 (4.00)	1 (8.33)	10 (83.33)	12 (21.82)		
总计		6	25	12	12	55		

* p < 0.05，** p < 0.01

4.9.5.4　相关分析

本节的研究主要借助 SPSS 25.0 数据处理工具对变量进行相关分析，得到如表 4 - 21 所示的相关系数矩阵，并为后续的回归分析提供数据支持。

由表 4 - 21 可知，各变量间显著相关。尤其是创新生态系统视角特性与创新生态系统视角情况显著相关，整合能力与组织学习显著相关。

4.9.5.5　回归分析

本节根据变量之间的相关性，进行回归分析，进一步进行分析结果变量之间的因果关系，验证前文的研究假设。

1. 创新热情对创新绩效

在创新生态系统对创新绩效发挥影响的时候，本节将创新生态系统视角的四个维度作为独立变量，创新绩效作为依赖变量来测度其对创新绩效的影响，回归分析结果见表 4 - 22。

表 4-21　变量间的相关性分析

Pearson 相关 - 标准格式

	平均值	标准差	1	2	3	4	5	6	7	8	9	10	11	12	13	14	15	16	17	18	19	20	21	22
1.（贵企业所在行业技术变化很快?）(1)	2.655	1.225	1																					
2.（贵企业创新项目的架构是否受到事摒货激及手段的影响?）(2)	3.2	0.903	0.869**	1																				
3.（贵企业产品在同行业中同质化程度很高?）(3)	3.273	0.982	0.851**	0.801**	1																			
4.（贵企业主要业务领域顾客总是在寻求新产品?）(4)	3.145	1.008	0.696**	0.593**	0.591**	1																		
5.（贵企业所主要领导人开发的创意成产品有很高的原创性?）(5)	3.4	1.029	0.679**	0.604**	0.673**	0.746**	1																	
6.（贵企业新产品开发速度远远高于行业标准?）(6)	3.436	0.877	0.637**	0.607**	0.692**	0.765**	0.726**	1																
7.（贵企业创新决策主要追求未来收益?）(7)	3.309	0.998	0.734**	0.685**	0.738**	0.581**	0.563**	0.563**	1															
8.（贵企业内分工遂明明确?）(8)	3.455	0.899	0.661**	0.701**	0.670**	0.559**	0.560**	0.660**	0.666**	1														
9.（贵企业对职能部门给予较大重视?）(9)	3.6	0.915	0.711**	0.631**	0.777**	0.607**	0.645**	0.729**	0.686**	0.630**	1													
10.（贵企业对部门l成个人的授权程度速断合理?）(10)	3.418	0.994	0.738**	0.765**	0.672**	0.622**	0.557**	0.551**	0.726**	0.778**	0.656**	1												
11.（贵企业的年销售额在业内具有竞争力?）(11)	3.473	0.94	0.733**	0.666**	0.735**	0.591**	0.586**	0.644**	0.730**	0.705**	0.805**	0.696**	1											
12.（贵企业的员工总人数在业内处于领先位置?）(12)	3.545	1.033	0.702**	0.689**	0.775**	0.652**	0.644**	0.714**	0.696**	0.725**	0.764**	0.747**	0.664**	1										
13.（贵企业积极跟踪有效的新观念和行为,并给予奖励?）(13)	3.291	1.048	0.780**	0.694**	0.743**	0.590**	0.542**	0.625**	0.762**	0.663**	0.684**	0.645**	0.816**	0.637**	1									

续表

Pearson 相关－标准格式

项目	平均值	标准差	1	2	3	4	5	6	7	8	9	10	11	12	13	14	15	16	17	18	19	20	21	22
1.（贵企业积极投资员工在学习方面的费用?）(14)	3.545	0.959	0.709**	0.742**	0.757**	0.606**	0.657**	0.681**	0.711**	0.738**	0.718**	0.708**	0.695**	0.797**	0.650**	1								
2.（贵企业有很完善的员工培训项目和计划?）(15)	3.418	1.066	0.744**	0.694**	0.732**	0.615**	0.604**	0.752**	0.677**	0.725**	0.744**	0.671**	0.760**	0.747**	0.767**	0.660**	1							
3.（贵企业认为员工的学习能力是企业成功的关键因素?）(16)	3.418	1.031	0.741**	0.639**	0.721**	0.618**	0.590**	0.614**	0.772**	0.730**	0.652**	0.693**	0.710**	0.721**	0.708**	0.739**	0.680**	1						
4.（贵企业其有让新知识新信息融入部门流动的完整机制?）(17)	3.636	0.91	0.808**	0.715**	0.832**	0.584**	0.712**	0.667**	0.758**	0.704**	0.778**	0.724**	0.746**	0.786**	0.792**	0.783**	0.789**	0.777**	1					
5.（贵企业能迅速反应市场需求并落实到生产上?）(18)	3.455	1.068	0.738**	0.685**	0.721**	0.608**	0.556**	0.753**	0.700**	0.649**	0.777**	0.620**	0.759**	0.778**	0.773**	0.712**	0.822**	0.715**	0.783**	1				
6.（相比同行而言，贵企业的新产品（服务）市场占有率较高?）(19)	3.527	0.959	0.781**	0.619**	0.723**	0.609**	0.570**	0.602**	0.755**	0.683**	0.730**	0.696**	0.786**	0.676**	0.784**	0.688**	0.722**	0.784**	0.775**	0.719**	1			
7.（贵企业会打破常规工作流程以加速实现创新目标?）(20)	3.491	1.034	0.729**	0.641**	0.771**	0.588**	0.578**	0.658**	0.676**	0.692**	0.701**	0.661**	0.709**	0.802**	0.720**	0.752**	0.684**	0.725**	0.803**	0.783**	0.724**	1		
8.（贵企业绩效评估方案可以准确评价员工的创新贡献?）(21)	3.655	0.966	0.674**	0.627**	0.681**	0.604**	0.588**	0.662**	0.670**	0.760**	0.741**	0.751**	0.754**	0.786**	0.722**	0.667**	0.808**	0.743**	0.781**	0.783**	0.739**	0.784**	1	
总分 (22)	71.345	17.657	0.888**	0.827**	0.882**	0.757**	0.753**	0.803**	0.837**	0.823**	0.852**	0.826**	0.860**	0.873**	0.852**	0.853**	0.868**	0.850**	0.907**	0.870**	0.855**	0.856**	0.862**	1

表 4 – 22　　　　创新热情情况各维度对创新绩效的回归分析

回归系数（中间过程）（n = 55）

	非标准化系数		标准化系数	t	p	95% CI		VIF
	B	标准误差	Beta					
常数	0.618	0.299	—	2.066	0.044 *	0.032	1.205	—
1.（高原创性?）	0.115	0.103	0.126	1.122	0.267	– 0.086	0.317	2.176
2.（开发速度快?）	0.149	0.130	0.139	1.148	0.256	– 0.105	0.404	2.519
3.（奖励员工创新?）	0.593	0.089	0.661	6.670	0.000 **	0.418	0.767	1.686

因变量：贵企业的年销售额在业内具有竞争力?

$* p < 0.05$，$** p < 0.01$

将创新生态系统视角情况下各维度与创新绩效建立一个线性回归模型：

将创新积极性作为自变量、创新绩效作为因变量的线性回归分析表明，模型的 R^2 值为 0.703。意味着创新热情可以解释为创新绩效 70.3% 的变化原因，发现模型通过 F 检验（F = 40.245，P = 0.000 < 0.05），在 F 试验中，该创新热情解释为至少一个创新性能将影响的关系。另外，针对不同模型的多重共线性进行分析，检验结果发现，模型中 VIF 值全部小于 5，意味着不存在共线性问题。并且 D – W 值在数字 2 附近，可以说明模型不存在自相关性，样本信息数据发展之间存在并没有关联交易关系，模型较好。

回归方程的解释能力为 70.3%，创新的热情具有比创新性能更显著的积极作用，假设 H5、假设 H5 – 1、假设 H5 – 2、假设 H5 – 3、假设 H5 – 4 得到进一步验证。

2. 组织绩效对创新绩效

探究创新生态系统视角对组织学习的作用时，在创新生态系统视角四个维度的参数的情况下，将创新性能作为因变量，在表4－23中展示回归分析的结果。

表4－23　　创新生态系统视角各维度对创新绩效的回归分析

线性回归分析结果（n＝55）								
	非标准化系数		标准化系数	t	p	VIF	R²	调整R²	F
	B	标准误差	Beta						
常数	0.412	0.337	—	1.221	0.228	—	0.638	0.616	
1. 贵企业绩效评估方案可以准确评价员工的创新贡献？	0.372	0.145	0.382	2.568	0.013*	3.119			
2. 贵企业会打破常规工作流程以加速实现创新目标？	0.129	0.142	0.142	0.908	0.368	3.429			$F(3, 51) = 29.897, p = 0.000$
3. 贵企业具有让新知识新信息跨部门流动的完整机制？	0.344	0.16	0.333	2.151	0.036*	3.382			
因变量：贵企业的年销售额在业内具有竞争力？									
D－W值：1.765									
*p＜0.05，**p＜0.01									

将组织绩效各维度与创新绩效之间建立一个线性回归模型：

将组织绩效管理作为一个自变量，组织工作绩效作为因变量进行线性回归结果分析，由表4－23可知，模型 R² 值为0.638，通过了 F 检验，这说明至少一种创新绩效与组织绩效的关系，该模型是很好的。

此回归方程的解释力为63.8%，准确评估员工贡献、适当调整工作流程、鼓励信息流动对创新绩效有较为显著的正向作用，即假设 H6、假设 H6 - 1、假设 H6 - 2、假设 H6 - 3、假设 H6 - 4 必然成立。

3. 组织学习对创新绩效

本节将组织学习的三个方面，即学习意愿、吸收能力、整合能力作为自变量，创新绩效作为因变量进行回归分析，结果见表4 - 24。

表 4 - 24　　　　　　　　组织学习对创新绩效的回归分析

模型	非标准化系数		标准系数	t	Sig.
	B	标准误差	试用版		
（常量）	0.818	0.450	—	1.820	0.070
学习意图	1.098	0.108	0.444	10.182	0.000
吸收能力	0.949	0.156	0.227	6.073	0.000
整合能力	0.611	0.083	0.317	7.359	0.000
R^2	0.887				
F	806.237				

将创新生态系统视角情况各维度与组织学习之间建立一个线性回归模型：

$y_3 = a_1 x_1 + a_2 x_2 + a_3 x_3 + b$，其中 y_3 为创新绩效；x_1 为学习意图、x_2 为吸收能力、x_3 为整合能力；b 为常数，表示在没有 x 影响下 y_3 的平均值。

由表 4 - 24 分析可知，x_1、x_2、x_3 的 Sig.（即斜率 P 值）为 0.000，常数 = 0.070 的 P 值 > 0.05，$b = 0$ 表示一个常数，即回归方程通过原点。

则组织学习维度对创新绩效的回归方程为：$y_3 = 1.098x_1 + 0.949x_2 + 0.611x_3$。

由分析可知，组织学习对企业创新绩效产生积极影响，假设 H7、假设 H7 - 1、假设 H7 - 2、假设 H7 - 3 成立，且学习意图对创新绩效影响极其显著。

4.9.5.6 多元回归分析

根据问卷的设计，将调研对象的组织创新行为相应定义成一种顺序关系，即令"不符合" = 1；"不太符合" = 2；"一般" = 3；"比较符合" = 4；"非常符合" = 5；表明该企业创新能力从弱到强的递演。定义 X1 = 高原创性，X2 = 开发速度快，X3 = 决策眼光长远，X4 = 分工明确，X5 = 重视职能，X6 = 充分授权。

多元回归分析结果见表 4 - 25。

表 4 - 25 多元回归分析

回归分析	
Multiple R	0.983733
R Square	0.96773
Adjusted R Square	0.917192
标准误差	3.171964
观测值	550

方差分析					
	df	SS	MS	F	Significance F
回归分析	9	162931.2	18103.47	1799.307	0
残差	540	5433.133	10.06136		
总计	549	168364.4			

（1）Multiple R（复相关安全系数 R）：R^2 的平方根，又称企业相关影响系数，用来进行衡量一个自变量 x 与 y 之间的相关程度的大小。本章节数据 R = 0.983733，表明它们之间具有高度正相关关系。

（2）R^2：复系数的测定，复平方相关系数 R，在这种情况下确定的复数系数是 0.96773，指示因变量通过用 96.77% 的变化说明独立变量。

（3）Adjusted R^2：调整后的复测定系数 R^2，该值为 0.917192，说明自变量能说明因变量 y 的 91.72%，因变量 y 的 9.28% 要由其他因素来解释。

（4）标准误差：用来衡量拟合程度的大小，也用于计算与回归相关的其他统计量，此值越小，说明拟合程度越好。

（5）创新生态视角维度：高原创性（X1）、开发速度快（X2）、决策眼光长远（X3）均在 1% 的显著水平下正向影响企业创新能力的提升，影响系数分别为 0.134、0.279。这表明"高原创性""开发速度快"有助于帮助企业建立创新生态系统，从而提升组织绩效。回归结果验证了假设 H5。

（6）组织绩效维度：分工明确（X4）、重视职能（X5）、充分授权（X6）在 5% 的显著水平下负向影响组织绩效，影响系数分别为 0.095。这表明在组织决策、组织分工、职能发展和授权结构方面取得较高评价更有利于解除组织创新束缚，降低组织为追求创新而必须付出的制度性成本，帮助组织创新绩效充分发展，回归结果验证了假设 H6。

（7）创新绩效维度：高原创性（X1）、开发速度快（X2）、决策眼光长远（X3）推动了组织绩效分工明确（X4）、重视职能（X5）、充分授权（X6）的发展，该分析中的 Significance F（F 显著性统计量）的 P 值为 0，小于显著性差异水平 0.05，所以该回归模型方程回归结果显著，组织绩效在创新生态系统中对创新绩效发挥积极作用，回归分析结果充分验证了假设 H7。

4.9.6　假设检验结果汇总

通过前面多元回归分析，本节对各个研究假设的检验结果进行汇总，具体如表 4 - 26 所示。

表 4 - 26　　　　　　　　　假设检验结果汇总

序号	假设	结果
假设 H5	创新生态系统视角对组织绩效产生积极影响	通过
假设 H5 - 1	环境因素正向作用于组织绩效	通过
假设 H5 - 2	管理水平正向作用于组织绩效	通过
假设 H5 - 3	创新生态系统视角正向作用于组织绩效	通过

序号	假设	结果
假设 H5－4	组织规模正向作用于组织绩效	通过
假设 H6	组织绩效对创新绩效产生积极影响	通过
假设 H6－1	组织环境正向作用于创新绩效	通过
假设 H6－2	管理水平正向作用于创新绩效	通过
假设 H6－3	创新生态系统视角正向作用于创新绩效	通过
假设 H6－4	组织规模正向作用于创新绩效	通过
假设 H7	创新生态系统视角对创新绩效的影响中，组织绩效起中介作用	通过

第 5 章　创新生态系统视角下企业创新效率影响因素的实证分析

5.1　创新理论及发展

5.1.1　创新理论研究

创新是一种思维过程也是一种物质产出，在经济社会中，新产品和服务的诞生都是创新的衍生物。在现有特殊的环境下，创新也可以是人突破常规的思维和见解。

在《经济发展理论》这一著作中，熊·彼得（Peter，1993）首次提出创新这一理论概念，后续研究者根据经济的发展将相关理论不断拓展延伸。创新发展是任务活动和思维的结合体，它涉及生产、发展、管理等一系列活动（Jesse McCartney，2011），就创新理论发展这一过程而言，它经过了几代的演练和革新，这一过程始终悬于市场的交易，而革新只是市场为了调节适应环境而被动接受技术创新变革。

罗斯维尔（Rosevear，2002）提到，在市场和技术的共同刺激下，引发了创新这一过程。而科研经费投入与高新技术产业国内市场产出对经济发展也具有正向显著效果（张婷等，2020）。综合看出，创新日益广泛、复杂而精细，它衍生于价值链的方方面面。企业的创新经过了几代的变革，开始从原来较为封闭的状态向合作、开放式过渡，创新主体之间的联系，经济和信息的交流更加频繁（陈明方，2015）。

5.1.1.1　创新资源来自多方面

一个企业作为市场上最活跃的创新分子，面对激烈的市场竞争和产品的不断更新换代，无法完全拥有和调配市场资源（Horwitch Loeem，2016），为了支持创新，企业不得不多方联系创新主体，从而产生协同效应。

5.1.1.2　创新管理模式和结构的结合

创新不仅要求从机构的内部由上至下贯彻创新理念，同时要求企业需求与市场相匹配（Armand Bill，2017），采取相适应的管理模式进行产品和服务的创新和调度。

5.1.1.3　内外部组合

企业的效率转换来源于内部机构的搭建，包括人力、物力、信息、资本等。集群内每个企业也要充分联合外部背景，提高从集群内外部创新主体中获取资源的效率（康健，2015），降低创新成本，提高创新效率。

5.1.2　企业创新发展现状

随着国家实行创新驱动发展战略，中国总体市场经济制度和法律规章不断发展完善，企业作为活跃在市场上的最主要的创新分子，地位和作用显著。截至2019年底，善林金融数据统计显示，全国各类企业总数达到1500多万家，当前企业的创新能力强，创新态势良好。

5.1.2.1　国家政策扶持，加大财政投入

为适应当前行业创新发展规律，国家将大中小企业作为创造社会财富来源的关键主体。目前国家一方面支持、鼓励、引导企业进行创新，另一方面降低企业的创新门槛，改善技术转化环境，进一步明确了企业的发展方向和目标。"十二五"期间，政府加大对企业的财政支出比

例，重点难点一一击破。鼓励企业加大技术投入，迎合社会和市场不断更新变革的潮流，迭代新产品和服务。

5.1.2.2　创新机制初步建立，态势良好

国家一系列法律法规的实施颁布，让社会广大企业有了明确的道路和方向，企业的创新之路必须走向国际化、规范化、科学化。目前，政府不断实行职能转变，简化程序，提高企业办事效率，降低企业经营成本，各大企业逐步建立起一套符合规范、清晰明确的机制体系。

5.1.3　创新生态系统与企业创新效率的文献综述

学者们针对企业创新以及生态系统，从组织框架、生态模型、创新技术等不同视角对企业效率的提高展开分析研究，建立起基本理论架构。

基于生态系统的观点，蒋石梅和吕平（2009）等认为，企业无法独自拥有所需的全部必备资源，且创新的环境不是在真空之中的，创造良好的创新环境必须在生态系统中充分吸纳资金、人才资源，包括合作伙伴。

霍维茨（Horwitch，2015）则通过建模和数据的实际论证，认为这种由机构和个人共同构成，同时具有松散、开放性的经济系统，造成了企业与非企业越来越依附于内外部资源，并且认为创新的关键在于技术，在于整合资源。

史竹生（2018）基于生态的视角，运用 DEA 模型，对每一个生态系统里的独立个体进行单独定位，确定了产品研发资源投入、技术创新成果转化的生态协同进化。由此得出结论，企业生态对企业的创新效率提升起着决定性的关键作用。

综合梳理分析文献结果，可以发现，多数学者的研究仍停留在理论研究阶段，强调创新主体之间的相互联系。在创新生态系统背景下，企业的核心目标是将所拥有的可调配的资源以及信息技术转化，实现成果创造。结合时代背景和数据研究，我们将创新生态系统作为重要的支持力量，阐述创新和生态理论，剖析影响创新效率的因素，为提高企业创新效率提供方向和对策。

5.2 当下企业创新的主要特点

5.2.1 创新形式多样、效率产出低

由于市场的不断更新和环境的变革性，使得企业创新的形式呈现出多样性。国家统计局截至 2018 年的创新数据显示，将近 67% 的企业投入更多精力、时间到工艺创新和产品改善上，实施生产流水线的改进；缩短产品生产时间，改善产品和服务的质量。综合创新最终成果发现，小型企业工艺创新占 90% 以上，技术投入资金少。而规模较大的企业则有更多的时间和精力从事技术研发，从而获取关键性的突破。

5.2.2 创新主体多元、紧密性差

随着创新生态系统的不断开拓发展，企业的业务已不再由单一企业独立完成，面向的主体范围更加广阔，技术创新难度和风险不断增大，这时通过对创新生态系统内部的各项资源进行优化和整合，从而提高效率和能力至关重要。目前企业基本上实现了和政府、院校等其他机构的合作，但从整体上看仍然以独立开发为主，相关创新主体之间合作不密切，造成资源浪费，效率较为低下。

5.2.3 创新资本缺乏、投入产出比低

目前，技术创新的投入、技术资金的支出在我国大中小企业中差距较大。中国创新指数显示，尽管近些年创新投入不断加大，但是创新产出的增长不明显，见表 5 - 1。中小企业在创新中较为依赖技术模仿和引进，创新的人员较少，也不足以支持周期长、规模大、高风险性的研发，独立研发的创新支出费用占总财政支出较少。同时由于人力、物力的不充分和调配问题，创新的产品或服务产出效率较为低下。

表 5-1　　　　　　　　　　　中国创新指数情况表

创新指数研究	2007 年	2011 年	2014 年	2017 年	2019 年
	100.0	133.0	174.0	195.2	212.0
一、创新环境指数	100.0	189.8	174.9	203.6	225.8
1. 劳动力中大专及以上学历人数	100.0	161.7	244.9	256.0	259.8
2. 人均 GDP 指数	100.0	166.6	239.2	269.6	286.2
3. 理工科毕业生占适龄人口比重	100.0	142.8	183.9	202.1	211.8
二、创新投入指数	100.0	132.3	164.2	183.1	194.1
1. 每万人 R&D 人员全时当量指数	100.0	182.5	262.0	278.0	300.8
2. R&D 经费占 GDP 比重指数	100.0	130.7	157.5	164.4	167.4
3. 基础研究人员人均经费指数	100.0	163.5	248.0	294.7	313.4
4. R&D 投入占主营收入比重	100.0	112.8	125.5	122.1	136.7
三、创新产出指数	100.0	137.2	208.3	236.5	264.1
1. 每万人科技论文数指数	100.0	152.8	165.4	169.5	182.8
2. 每万名 R&D 人员专利授权数指数	100.0	230.6	337.9	339.3	423.9
3. 发明专利占专利授权数比重	100.0	89.3	136.7	157.5	122.8
4. 每百家企业商标拥有量指数	100.0	100.1	180.0	244.7	325.3

5.3　数　据　分　析

在数据分析方面，本节依据 SPSS 22 等统计软件回收问卷，进行分析，旨在得出分析结果和合理的结论验证假设。

5.3.1　信度分析

信度即可靠性。信度分析通常是用以测量调查问卷可靠性程度的，采用相同方法对数据进行反复检测，相关系数反映指标程度。跨时间的一致性、跨形式的一致性是两类主要方法。

5.3.2　效度分析

效度分析是分析所要测量数据达到的精确程度。用于效度分析的方法很多，主要包括项目分析和独立分析。当显著程度达到衡量指标，则成为有效量表，反之则成为无效量表，用于测量表中的各种项目辨别度。

5.3.3　描述性分析

统计的描述性分析通常用来描述样本调查结果的基本特征，包括数据的总体分布情况、数据峰值等，通过描述性分析可以了解基本框架和构建思路，运用图表进行分类，进行数据预处理，利用条形图、饼图和折线图等更容易简明表达数据。

5.3.4　回归分析

回归分析，应用十分广泛，是确定相互依赖变量间（两种及以上）关系的一种统计分析方法。按照自变量数量可分为：（1）一元回归；（2）多元回归。按照自变量和因变量之间的关系可分为：（1）线性回归；（2）非线性回归。通过对数据进行回归分析，确定变量，构建数据模型，对企业样本进行预测。

5.4　研究假设及模型构建

5.4.1　研究假设的提出

在创新生态系统背景下，企业作为系统主体，受到系统内部各个元素的影响。本研究通过剖析生态系统的组织结构，梳理系统与企业效率的联系，并提出相关假设。

5.4.1.1　系统主体与企业效率

创新生态系统为不同的区域和产业链创造相关的支持和环境，包括企业在内的创新主体之间相互合作、互相支持和依赖。

1. 政府支持

作为生态系统的重要元素，政府可以有效发挥宏观调控的作用，稳定市场，为企业提供合理的政策支持和指导。

2. 高等院校

高等学府、研究院等为企业直接输送创新人才，是技术研究、科研创新的主力军。通过和高等院校的合作，企业的创新源能够获得平稳有效的输送。

3. 服务机构

大量专业科学的技术、金融、咨询服务推动企业加快知识传播，加速创新成果转化，系统内部的创新中介服务机构起到显著的整合、促进作用。基于此，本研究的假设为：

假设 H8：系统主体对企业效率提升有积极作用。

假设 H8a：政府支持对创新效率有正向影响。

假设 H8b：高等院校对创新效率有正向作用。

假设 H8c：服务机构对创新效率有正向作用。

5.4.1.2　创新要素与企业效率

根据国内外研究，企业效率提高包含组织间的共生合作，其主要依赖系统提供的完备的资源，包括人力资源、资本流动、基础设施、信息技术等。

1. 创新资金

资金作为创新过程中重要的元素之一，有利于吸引高素质的人才，提供完备的设施，为企业创新创造良好的创新环境，对促进企业创新有重要作用。

2. 人才资源

弗鲁姆（2001）的生态理论认为，企业整合资源并吸引人才，确定自身定位进行创新。在整个创新的过程中，优秀的技术人才给企业提供了源源不断的创新动力，加速、优化企业机制，减少过程的不稳定性，从而在根本上促进技术创新的成功。

3. 信息技术

随着信息技术的发展，企业间的沟通交流变得更加频繁、迅速，信息传递更为通畅，在充满不确定性因素的市场上，信息技术可以作为中介，提供丰富的素材、资源及沟通平台。因此假设：

假设 H9：创新要素对企业效率提升有积极作用。

假设 H9 - 1：创新资金对创新效率有正向影响。

假设 H9 - 2：人才资源对创新效率有正向影响。

假设 H9 - 3：信息技术对创新效率有正向影响。

5.4.1.3 系统环境与企业效率

1. 组织结构和关系

基姆（Kim H.，2012）对创新生态系统重新定义：一个"具有共生关系，由多企业组成的经济共同体"；扎赫拉（Zahra S. A.，2012）认为，创新生态系统是"相互联系的网络，关系状态疏散又紧密"，系统既有分散的特征，也具有协同创新的复杂模式，它强调主体之间的共生关系，实现创新要素的整合汇聚，为系统中各个主体带来价值溢出。

2. 系统创新

基于对学者报告的研究，实现企业的可持续发展（sustainable development）必须构建区域型的运行机制，在外部竞争中获得竞争力以谋求生存发展，内部则整合自身资源，不断引进创新能力，保持平稳运行。基于此，得出如下假设：

假设 H10：系统环境对企业效率提升有积极作用。

假设 H10 - 1：组织结构和关系对企业效率有正向作用。

假设 H10 - 2：系统创新对企业效率有正向作用。

5.4.2 模型构建

通过对创新系统和企业现状等相关文献的梳理，提出合理的假设并构建模型，探究影响效率的因素，剖析生态系统结构、要素投入、主体协同以及企业效率之间的联系，得出如图 5 - 1 所示的概念模型：

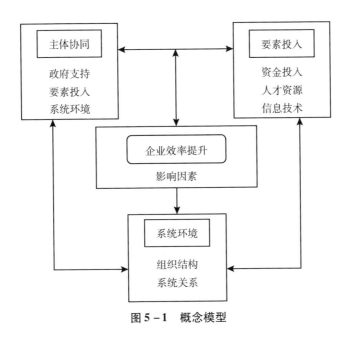

图 5 - 1　概念模型

5.5　问卷设计与数据收集

5.5.1　问卷设计

为了收集到真实有效的数据，本研究结合国内外学者研究成果，征询研究对象意见，设计问卷。

（1）文献梳理总结。广泛阅读与本研究主题相关的国内外文献，整理出创新绩效方面的最新研究成果，总结出影响创新绩效的关键指标。

（2）问卷初稿设计。根据经典文献，结合中国企业实际特点，以及影响本研究主题的相关因素，围绕影响创新绩效的主要因素设置问题，形成问卷初稿。

（3）调查问卷确定。请指导老师对问卷进行审查，并在导师的指导下谨慎修改问卷，再形成最终问卷（见附录3）。

5.5.2　数据收集

样本主要以安徽省企业为重点，主要调查人员为企业管理人员和员工，为了降低错误率，提高样本真实性，企业选择采用抽样法和滚雪球法，并通过线上 QQ、微信、电子邮件等方式填答问卷，保证数据科学、真实、可靠。（1）分层抽样法和滚雪球法保证问卷的填写人员性别、年龄、职业等分布合理，（2）收集地点分散，辨别数据填写真实性。

5.6　变量测量

5.6.1　创新生态系统变量测量

本章节将创新生态系统按照结构分为三个维度：资源获取，企业能够从创新生态系统中获得资源；机会识别，可以用来衡量系统为企业带来的挑战和价值；异质协同，包括系统中成员的关系、交流、演化等，测量题项见表5-2：

表5-2　　　　　　　　　创新生态系统测量题项

变量	代码	问题选项
系统资源	C1	公司能从创新生态系统获取资产性资源
	C2	公司能从创新生态系统获取资源成本低
	C3	创新生态系统提供多种渠道识别资源

变量	代码	问题选项
机会识别	C4	公司能够从创新生态系统识别出创新机会
	C5	从创新生态系统识别出的创新机会不易被模仿
	C6	从创新生态系统识别的创新机会具有潜在价值
	C7	创新生态系统为公司持续不断地提供创新机会
协同关系	C8	公司通过创新生态系统达成多样化的合作关系
	C9	公司在创新生态系统中具有明确的系统角色
	C10	公司同创新生态系统成员协调交流比较顺畅
	C11	公司同创新生态系统成员能够实现协同演化

5.6.2　创新要素变量测量

结合当前创新生态系统的研究现状，创新要素着重于资源投入、主体支持、创新意识三个部分，如表 5-3 所示：

表 5-3　　　　　　　　　创新要素测量题项

变量	代码	问题选项
资源投入	H1	在创新提升中我们付出了较多的人力资源
	H2	在创新提升中我们付出了较多的资金
	H3	在创新提升中我们使用了较多的技术设备
主体支持	H4	政府提供相关的政策支持和指导
	H5	高等院校能够提供相应的人才资源
	H6	服务机构能够优化资金、技术支持
创新意识	H7	企业重视创新人力资源的培养
	H8	企业注重打造完备的创新环境
	H9	企业注重发展良好的创新氛围

5.6.3 创新效率变量测量

创新效率指的是企业创新活动的投入和产出的比率。创新效率测量题项的情况如表 5 - 4 所示：

表 5 - 4   创新效率测量题项

变量	代码	问题选项
产出转化	B1	创新系统提供的资源能被充分吸收
	B2	创新系统提供的关系能被很好利用
	B3	创新系统提供的机会能很好识别
创新结果	B4	相比行业竞争企业，领先推出新产品或新服务
	B5	创新成果改善提升后，市场竞争企业效果更好
	B6	创新成果技术含量更高
	B7	生产工艺明显改进，生产成本明显降低

5.7 以安徽省为例的创新生态系统与创新效率的实证分析

5.7.1 样本基本特征分析

本次问卷采用随机抽样调查法，主要目标人群是安徽省各地区企业，问卷共计发放 400 份，回收 323 份有效问卷，有效回收率为 80.75%。调查样本基本信息结果如表 5 - 5、图 5 - 2 ~ 图 5 - 4 所示。

表 5 - 5 问卷发放和回收情况

发放问卷份数	有效问卷份数	问卷有效率（%）
400	323	80.75

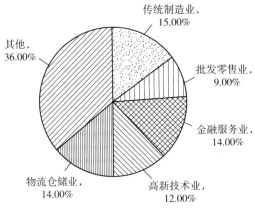

图 5 - 2　样本行业分布

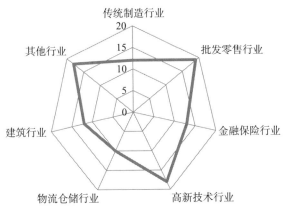

图 5 - 3　行业销售额占比

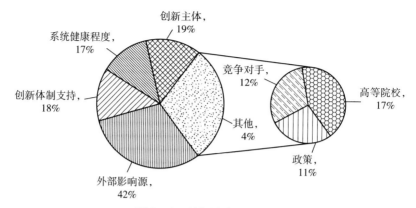

图 5 - 4　创新活动制约因素

5.7.2　信度和效度分析

5.7.2.1　信度检验

本节信度检验用以检测问卷数据可靠性，采用 Cronbach's alpha 系数工具测验问卷分量表和总量表信度，若测量的 α 系数指标和 Cronbach's α 系数指标均大于 0.7，则问卷的一致性较高。本节的问卷信度结果具体见表 5 - 6，各项指标的信度为 0.903、0.883、0.915，均大于 0.7，表明本研究设计的问卷信度较高。

表 5 - 6　　　　　　　　　　问卷信度分析

分量表类型	问题选项	Cronbach's alpha		检验结果
系统主体	政府支持	0.903	0.910	通过
	高等院校		0.894	
	服务机构		0.917	
创新要素	创新资金	0.883	0.883	通过
	人才资源		0.698	
	信息技术		0.873	

续表

分量表类型	问题选项	Cronbach's alpha		检验结果
系统环境	组织结构与关系	0.915	0.921	通过
	系统创新		0.877	
总变量		0.937		通过

5.7.2.2　效度检验

结合问卷调查和信度检测表，采用 SPSS 软件和 Cronbach's alpha 系数工具，从三个维度对问卷量表的效度进行检验，对样本的 Kaiser - Meyer - Olkin 进行度量，标准为：若 KMO 值在 0.7 ~ 0.8 及以上，则表明数据适合做因子分析，若 KMO 值在 0.5 以下，则不太适合做因子分析。

1. 创新生态系统

基于可靠性分析，本节对创新生态系统要素进行如表 5 - 7 所示的检验，结果显示组织结构的 KMO 值大于 0.9，Bartlett 检验值的显著性概率为 0，表明生态系统模块可以进行因子分析。

表 5 - 7　　　　　创新生态系统的 KMO 值检验结果

取样足够度的 Kaiser - Meyer - Olkin 度量		0.913
Bartlett 的球形度检验	近似卡方	1592.334
	df	19
	Sig.	0.000

2. 创新要素

创新要素的效度检验结果如表 5 - 8 所示：每一个变量都达到了相应的显著程度，且 Bartlett 的球形检验结果 Sig. < 0.001，各题项因子载荷都大于 0.5，创新要素效度良好，所以量表的显著性较高，为有效量表。

表 5 - 8   创新要素的 **KMO** 值检验结果

取样足够度的 Kaiser – Meyer – Olkin 度量		0.921
Bartlett 的球形度检验	近似卡方	3253.931
	df	37
	Sig.	0.000

3. 创新效率

对创新效率模块数据进行充分性测度和 KMO 检验，以检验结果判断此模块数据是否适合做因子分析，详细结果如表 5 - 9 所示。

表 5 - 9   创新效率的 **KMO** 值检验结果

取样足够度的 Kaiser – Meyer – Olkin 度量		0.936
Bartlett 的球形度检验	近似卡方	2638.667
	df	32
	Sig.	0.000

5.7.3 综合性分析

5.7.3.1 相关分析

在进行其他分析之前，可以对量表进行相关分析，得到关于量表相关性的粗略结果，借助 SPSS 22 等数据处理工具，为下面的回归分析提供数据支持，由表 5 - 10 可测量变量之间的相关性系数，可知各变量之间的相关性较强，并得出相关的结论和数据支持。

表 5 - 10   生态系统与创新要素相关分析结果检验表

	1	2	3	4	5	6	7	8	9	10
1. 生态系统	—	—	—	—	—	—	—	—	—	—

续表

	1	2	3	4	5	6	7	8	9	10
2. 创新因素	0. 946 **	—	—	—	—	—	—	—	—	
3. 创新绩效	0. 891 **	0. 816 **	—	—	—	—	—	—	—	
4. 政策支持	0. 976 **	0. 885 **	0. 834 **	—	—	—	—	—	—	
5. 高等院校	0. 909 **	0. 838 **	0. 764 **	0. 849 **	—	—	—	—	—	
6. 服务机构	0. 947 **	0. 909 **	0. 860 **	0. 920 **	0. 847 **	—	—	—	—	
7. 创新资金	0. 918 **	0. 976 **	0. 821 **	0. 837 **	0. 811 **	0. 950 **	—	—	—	
8. 信息技术	0. 851 **	0. 813 **	0. 753 **	0. 927 **	0. 764 **	0. 893 **	0. 811 **	—	—	
9. 人才资源	0. 897 **	0. 865 **	0. 783 **	0. 976 **	0. 790 **	0. 956 **	0. 892 **	0. 807 **	—	
10. 创新效率	0. 946 **	0. 896 **	0. 847 **	0. 915 **	0. 863 **	0. 934 **	0. 902 **	0. 863 **	0. 913 **	1

** 表示在 0. 01 水平（双侧）上显著相关

由表 5 - 10 可以看出，创新效率和生态系统要素、创新资金、信息技术、人才资源、服务机构之间有明显的正相关性，可以为下面的回归分析做数据支持。

5. 7. 3. 2　回归分析

对相关数据构建回归模型，通过对量表的自变量和控制变量进行回归检测，了解变量之间的因果关系，研究变量之间的相关性，可以证实本章节的变量假设，为结论提供合理的数据支持。

1. 创新生态系统与企业结构

从对 P1 的回归分析的验证结果（见表 5 - 11）可以看出：公司的类型与政府支持的相关性不太明显，而公司的规模与高等院校相关性较

高，说明规模大的公司对人力资源的需求大，对 P2 的回归分析则说明
服务机构与各变量之间都有一定的联系。

表 5 – 11   创新生态系统与企业结构回归分析检验结果

变量	创新生态系统					
	P1			P2		
	Beta	Sig.	VIF	Beta	Sig.	VIF
自变量						
政府支持				0. 237 ***	0. 000	1. 332
高等院校				0. 435 ***	0. 000	1. 271
服务机构				0. 258 ***	0. 000	1. 149
控制变量						
公司类型	0. 146 **	0. 006	1. 089	0. 078	0. 113	1. 034
公司规模	0. 022	0. 645	1. 075	– 0. 056	0. 472	1. 049
模型指标						
F 值	4. 379	0. 011		40. 634	0. 000	
F 变化	4. 379	0. 011		60. 399	0. 000	
R^2		0. 020			0. 314	
调整 R^2		0. 016			0. 307	
Durbin – Watson			1. 912			

注：*** 表示 P < 0.001。

2. 创新要素与创新效率

从对 P1 的分析中，Durbin – Watson 系数为 1. 952，可以发现创新要
素对创新的产出量和质量有显著作用，资金的投入明显有利于提升创新
产出的数量，其他因素均有辅助性的作用，而变量 P2 的相关因素明显
和人才资源相关程度高（见表 5 – 12）。

表 5 - 12　　　　　　　创新要素与创新效率回归分析检验结果

变量	创新要素					
	P1			P2		
	Beta	Sig.	VIF	Beta	Sig.	VIF
自变量						
创新资金				0.301 ***	0.000	1.231
人才资源				0.278 ***	0.000	1.186
信息技术				0.491 ***	0.000	1.358
控制变量						
结果产出量	0.162 **	0.003	1.167	0.092	0.269	1.179
创新质量	0.013	0.483	1.097	0.028	0.395	1.073
模型指标						
F 值	4.883	0.015		43.473	0.000	
F 变化	4.883	0.015		60.836	0.000	
R^2	0.010			0.495		
调整 R^2	0.019			0.481		
Durbin - Watson	1.952					

5.7.4　检验结果分析

综上，检验结果分析汇总见表 5 - 13。

表 5 - 13　　　　　　　　检验结果分析汇总

序号	假设	结果
假设 H8	系统主体对企业效率提升有积极作用	通过
假设 H8 - 1	政府支持对创新效率有正向影响	通过
假设 H8 - 2	高等院校对创新效率有正向作用	通过
假设 H8 - 3	服务机构对创新效率有正向作用	通过
假设 H9	创新要素对企业效率提升有积极作用	通过

续表

序号	假设	结果
假设 H9-1	创新资金对创新效率有正向影响	通过
假设 H9-2	人才资源对创新效率有正向影响	通过
假设 H9-3	信息技术对创新效率有正向影响	通过
假设 H10	系统环境对企业效率提升有积极作用	通过
假设 H10-1	组织结构和关系对企业效率有正向作用	通过
假设 H10-2	系统创新对企业效率有正向作用	通过

第6章 企业创新绩效和创新效率提升对策

本书的研究建立在已有的国内外研究成果之上，以创新生态系统为视角，运用博弈分析和实证分析等方法对企业创新绩效和创新效率的提升策略展开了一系列研究。其中，主要探究了协同创新网络的开放性、创新网络关系强度和企业机会识别能力的差异对于企业价格博弈均衡和产量博弈均衡的影响。此外，本书还通过梳理文献，对创新生态系统视角下创新绩效和创新效率的影响因素（创新生态系统的基础要素、三大重要特性和企业的绩效体系等方面）展开了实证研究，并且结合了安徽省企业的相关数据进行了探究，使得本书的研究所得出的结论相对更加贴近实践，提出的相关建议也因此相对更加具有可行性。具体地，本章节将从以下几个角度提出提升创新绩效和创新效率的建议，希望能够为企业、政府、高校、科研机构以及消费者提供一些可供参考的建议。

6.1 从协同创新网络的开放性角度的建议

6.1.1 对企业内部参与者的建议

价格战略是企业间竞争的重要手段，成本领先战略是其中一个代表策略，从创新生态系统的视角来看，保持创新主体的价格稳定是相当重要的。因此，本章节从协同创新网络开放性特征的角度对包括企业在内的各个主体提出建议，以共同维持创新网络中企业的价格均衡稳定。

6.1.1.1 产品生产方

当今经济全球化得益于信息技术在全球范围内的广泛流通传播和资源的全球配置，是一种开放性的资源共享。生产经营的全球化、跨国公司的形式与全球资源的整合、突破地域限制的跨区发展等是协同创新网络开放性的表现，集群市场作为协同创新网络中的关键节点和重要主体，通过增强协同创新网络的开放性来维持市场价格的稳定义不容辞。本节根据生产经营的其他方面提出以下建议：

（1）跳出传统的集群误区。传统的集群市场是由处于同一地理环境中的有竞合关系的企业联结而成，是一种地理上的集中现象，以集群为显著特征的市场中，企业之间相互联系、相互竞争又相互依存，围绕着某一产业链从事上下游且相关联的生产经营活动。集群市场中主体的经济行为也融入地域的社会、文化和政治关系中，植根于当地的经济发展中，具有鲜明的区域特色，例如义乌小商品市场运用了区域优势，融合了区域特色，成为集群市场的典范。但是随着经济全球化发展，世界俨然成为"地球村"，信息技术和沟通媒介的发展打破了地理意义上的距离，协同创新是当今国内外企业发展的一种潮流。因此企业不能狭义地以地理单元为依据，不仅要追求全球化的销售市场，更要追求大范围、大区域的生产联系，要积极跳出传统的区域局限，学会运用新思维指导企业经营，利用现代信息技术实现和各地企业、市场的联系，建立起与上下游企业乃至整个行业的协同合作，增强企业的开放性。

（2）培育倡导开放性的组织文化。组织文化是在组织长期发展过程中形成的并且凝聚了组织目标、组织规范、员工意识和道德准则的具有独特性的稳定的价值观，对于组织行为具有导向作用。组织文化具有三个层次，分别是物质文化层面、制度文化层面和精神文化层面，创新网络是一个开放性的大体系，因此需要企业培育开放的组织文化。首先，组织需要建立灵活的组织制度，给予员工具有开放性的工作环境和弹性的工作机制及条件，在制度层面为组织及员工的开放性培育打下基础；其次，在组织文化培育过程中注重灌输建立开放型企业的思想，形成在员工内的群体意识和追求开放型组织的组织风气，在企业内形成共识并且引导组织行为，这些将有利于帮助企业建立开放性的组织文化。

（3）提升并保证产品质量。虽然企业的目的是盈利和满足股东的利润需求，但是在满足企业盈利需求的前提下，企业也应该对产品或服务的质量给予一定的重视，因为企业的产品价格是由产品价值所决定。因此，企业应该更加积极地融入协同创新网络，强化网络关系，与系统内的其他参与者深入合作，提高创新绩效，并且加快将技术创新成果融入实际生产中，这样可以提升商品的质量，保证商品价值的稳定，从而可以保证企业的产品价格在整个创新网络内的稳定性。

（4）增强企业的诚信意识。在创新网络中每个创新主体之间都是相互依存的，企业之间的相互依存关系主要是由于生产经营上的联系而形成。在协同创新网络中，企业关系的维持则更需要企业间的相互信任，创新网络内的信息需要相互流通传播，此时企业应该保证自己提供的信息的真实性，不要为了追求利润而违背企业处事的诚信原则，企业应该避免在与其他企业交流或竞争中提供虚假或者错误信息、造成对方受损失的情况。企业保证诚信后，一方面有利于企业内部良好的沟通和稳定，从而保证价格的稳定；另一方面，诚信的企业和市场必将会吸引更多的企业与其建立联系，这无疑增强了企业的开放性，最终有助于实现维持企业价格稳定性的目标。

（5）增强辨别和筛选信息的能力。随着协同创新网络开放性的增强，信息流通量也会增加，信息的真实程度和有效程度都有待考证，这对企业筛选信息的能力也提出了要求。在大量复杂的信息中筛选合适、正确的信息来引导企业的价格调整行为对企业具有重要意义，它可以避免错误信息进入企业内部，帮助企业有效规避企业的价格调整误区。企业在生产经营中应该增强辨别意识，对创新网络中流通的信息要做到理性的辨别和筛选，避免因错误或不利信息造成企业价格的负面波动，影响稳定性。

6.1.1.2 产品消费者

有买卖双方才会形成市场，消费者也是市场上的重要组成部分，供求关系是影响商品价格的重要因素，市场中价格的调整和波动最终目的都是为了赢得消费者。为了保证企业在创新网络中的价格稳定，消费者要理性适度消费，秉持公正客观的态度，不帮助某个企业虚假宣传，欺骗其他消费者，不对市场份额的分配产生恶意干扰破坏。

6.1.2 对企业外部组织、机构的建议

6.1.2.1 对政府的建议

（1）及时利用政府宏观调控手段。在市场经济体制下，市场大多依赖其自己的调配机制，但是市场的调节功能有其局限性，市场对经济活动的调节具有自发性且缺乏强制性，尤其在面对复杂的环境变化以及外部冲击时，市场自身的调配机制会出现失灵或滞后的现象。此时政府可以通过调整或者影响产品价格、税收、工资等经济手段来调控，也可以通过行政机构强制性的颁布命令、指示、规定等行政方式来调节，法律手段在必要时刻也可以适当采取，每种手段都有自己的优点和局限性，政府应根据市场状况的不同灵活地应用。协同创新网络中的企业联系密切且容易产生连带效应，企业的产品价格缺乏稳定性会产生大范围且持续的影响，并且会影响到经济发展的稳定性和人民生活，因此政府要及时跟踪观察创新网络内的企业价格状况，一旦出现影响较大的波动并且仅靠企业自身难以化解时，政府可以适当干预并采取有效手段，以保证创新网络内企业的价格稳定性。

（2）引导建立和维持市场秩序。价格受到外部环境的影响，稳定的市场秩序和环境有利于维持企业的价格稳定。创新网络规模越大，涉及的企业越多，并且每个企业都有其自己的行为方式，市场中企业的资质鱼龙混杂，因此，建立有效的市场秩序来约束企业行为相当重要。政府原本就是服务型的组织，而且有较强的领头能力和管理能力，所以政府在市场秩序建立和维持过程中要发挥引导和服务作用，不仅要利用其公信力带头建立市场秩序，同时要利用其权力和资源对秩序进行维持，以保证企业的价格稳定，为稳定的企业价格创造稳定的环境。

6.1.2.2 对高校、科研机构的建议

建立开放的信息共享平台。高校、科研机构是协同创新网络中的重

要组成部分，为企业的技术创新培训人才，无疑是技术创新的第一线，高校和科研机构不能仅仅专注于科学研究和技术创新，更应该要积极的分享自己的创新成果，建立开放共享的技术创新平台，增强协同创新网络的开放性，加速信息的传播，提高利用率，降低信息在企业间依次传播的时间差，让企业可以及时接触、了解到创新成果并且运用于实际生产。如果创新成果只在单个企业应用，该企业的生产效率提高引起相对成本减少，那么企业的逐利本质会促使其调低价格以占领更多的市场，其他企业为了保证自己的市场份额会纷纷调整价格，这最终会导致创新网络内企业价格的不稳定。因此，高校和科研机构信息的开放共享对于企业的价格稳定同样具有非常重要的作用。

对各个主体的建议如图6-1所示：

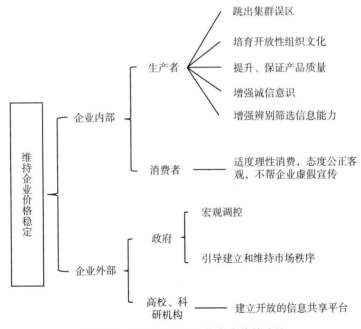

图6-1 对协同创新网络各主体的建议

6.2 从协同创新网络的强度角度的建议

6.2.1 从策略采取方式的角度

在企业市场竞争中，以双寡头垄断市场的企业为例，采取 GD 策略的企业降低产量反应速度可以提高企业的产量稳定性，有利于减少企业的资金流动压力。

采用 GD 策略的企业可以根据上一期产品的边际利润调整产量，如果该企业对上一期产品边际利润很敏感，迅速做出相应的产量变化，而市场实际需求变化并不大，可能会导致企业产量过剩，产品积压的问题，并且库存会耗用大量的资金，例如仓储费用、生产成本、产品损耗等，这些因素都会影响企业下一阶段的生产经营活动，甚至会造成现金流断裂，直接对企业生存产生威胁。与此相对，如果企业根据边际利润对产量进行调整的反应速度较低时，产量博弈演化过程趋于稳定，产量与市场需求之间不会出现大量空缺，此时创新网络内的企业更易达成产量博弈的纳什均衡，获得相对稳定的满意收益。

6.2.2 从企业主体的角度

企业积极参与创新活动，积极与网络内其他企业主体合作、融入创新网络中，并充分利用协同创新网络所带来的技术溢出、知识共享等便利条件。

企业融入创新网络体系中可以创造出许多有利的发展条件，例如距离优势、技术溢出等。企业在创新网络中既是一个独立个体，又与其他企业相互关联，企业只有与创新网络内其他成员积极合作、共同创新，才能利用这些便利条件降低外部成本。另外，协同创新网络并不是一成不变的，如果企业发展过慢，无法跟上整个网络中的发展水平，那么企业会被慢慢淘汰掉。因此企业要谋求长远的发展就必须跟上时代发展的脚步，不断改变，不断创新，提高生产技术水平和经营能力。

6.2.3　从企业技术因素的角度

当创新网络内企业因技术水平等因素而导致成本差距较大时，则可以通过调整协同创新网络强度来促使企业产量保持稳定，以适应市场需求，按照市场规律进行生产运作。

每个企业都会有自身的核心技术以形成核心竞争力，这也是竞争时的主要优势。生产技术中科技含量水平的不同会使得企业与企业之间生产成本不同。如果企业采用的是朴素型策略，那么生产成本较高时，网络强度越高，产量系统实现纳什均衡的区间就越大；若该企业通过创新活动提升技术水平降低成本，那么此时较弱的协同创新网络强度更有利于实现产量博弈的纳什均衡，帮助企业确定下期产量，减少经营风险。

6.2.4　从成本节约的角度

当提升协同创新网络强度与技术水平相比成本较高时，企业可以通过创新来缩小成本差距，从而增大纳什均衡存在区间，稳定产量博弈离散系统，确定合适的产量。

增强协同创新网络强度与生产技术水平都需要一定成本，企业经营中需要尽量降低成本，不断创新以提高生产技术，其最终目的也在于此。在生产经营中，如果提升协同创新网络强度需要较高的成本，或者调整网络强度难度较高时，企业可以通过创新来提升产品技术含量，拉开与其他企业的成本差距，从而扩大产量博弈稳定区间。

6.3　从企业机会识别能力角度的建议

从前面的关于企业机会识别能力与企业价格博弈均衡关系的研究结论可知，在创新网络中，企业的机会识别能力关系到企业价格策略的制定，结合研究的分析结果，本书在此为参与创新活动的企业提出几点建议。

（1）企业应该对自身对机会识别水平形成一个明确的认识。从前面的学习我们知道，企业对机会的识别和把握能力也是企业综合能力的一个重要衡量指标，在关键时期甚至能决定企业经营的成败。因此，企业对自身的机会识别能力需要形成一个准确清晰的定位，即企业要客观对待关于该方面的优势或劣势。在机会识别能力的鉴定上，如果企业清晰认识到自身存在优势，那么企业应该充分利用该优势，去扩大企业的竞争优势；如果企业认识到企业的机会识别能力欠佳，那么企业应该谨慎采取策略，以减少该方面的不足所产生的损失。

（2）企业要依据自身的实际状况确定合适的价格策略。企业的机会识别能力会影响企业的市场竞争活动，如企业的价格策略。企业应在对自身的机会识别能力能够清晰认识的基础上采取合适的价格策略，会帮助企业减少损失，增加优势。例如，当企业认识到自身的机会识别能力不足时，企业可以适当采取低价的销售策略，因为企业的机会识别能力较低，说明企业的提升空间较大，机会识别能力的提升对企业降低生产成本的作用更明显，采取低价策略能够帮助企业扩大市场份额，站稳脚跟。相反，企业的机会识别能力占据优势时，此时采取高价的销售策略对企业更为有利。

（3）企业应该依据竞争企业的机会识别能力制定企业的价格战略计划。企业在创新网络内既存在合作关系，又存在竞争关系，竞争企业的机会识别能力对企业相关策略制定同样具有影响，本章节以企业的价格策略为例。当企业认识到竞争企业的机会识别能力较强时，企业的产品应该采取低价战略，这是由于此时竞争企业具有明显的竞争优势，企业采取低价战略可以减少来自竞争企业的威胁，对企业更有利。

（4）企业应该建立必要的风险防范机制。创新网络是一个复杂的系统，其中的信息也是错综复杂的，对于企业来说，机会与风险并存，企业需要建立一个完整有效的风险防范机制去识别那些不利的信息。企业不仅要注重提升机会的识别能力，还应该提升对风险的识别能力。一套系统的、完整的风险防范机制可以帮助企业及时识别那些对企业发展不利的风险信息，从而减少企业的工作损失。

6.4　从创新生态系统的基础要素角度的建议

完善创新生态系统的基础要素。创新生态系统是其基本因素的协调系统，稳步发展的创新生态系统才可以不断提升企业的创新工作能力。因此，政府机构必须提升创新自然环境的基本建设，提升高新科技创新的资金投入，及其健全市场经济体制，降低自主创业门坎，不断完善金融体系管控规章制度，避免发生系统性金融风险，营造一个活力四射的、宽容的、有利于创新的社会氛围。并通过财政优惠的政策，指导和支持研究机构增加研发投入，同时支持金融机构为中小企业融资开辟更多的渠道以及融资担保形式，加强金融机构对创新活动的贷款力度，为企业提供更好的创业场所以及创业环境。

6.5　从创新生态系统的重要特性角度的建议

发展和有效利用创新生态系统的重要特性。

有效利用创新生态系统的重要特性，对于增加系统内的互动和演化有较好的效果，有利于提高企业乃至整个创新生态系统的活力。造就出一个有着强劲吸引力的创新发展服务平台，并为主体与环境间的协调适应和集聚提供平台支持，以便完善系统的协同创新。政府应充分重视创新系统的共生耦合特点，创新现行政策，将原先的制度、政策、工作体系引入新的核心理念、新的思想以及新的方法，与此同时从微观和宏观两大方面明确提出创新政策，持续优化配置资源政策。基于此，政府与企业和科研院所共同合作开发协同创新活动，释放创新活力。

6.6　从企业绩效体系角度的建议

健全创新绩效评价体系。企业应继续健全自身的创新绩效的评价制度，这将有利于企业把握实时的创新进展，确定好经营活动。企业应建立健全创新绩效的评价体系，为员工提供良好的创新平台，打造积极健康的氛围环境，激励员工全力参与到企业的创新活动中去。

6.7 对企业创新绩效和创新效率的策略和建议

6.7.1 对创新绩效提升的策略和建议

6.7.1.1 建立企业创新生态系统

企业为了更好地进行创新活动，应该根据外部经济环境、政策环境、文化环境和社会环境正确研判形势，结合自身实际条件，因地制宜、因势利导建立符合企业自身发展状况、发展阶段、发展环境、发展机遇的创新生态系统。

本书认为，通过建立健全创新生态理念和创新生态体制，促使企业的创新生态系统更加灵活和完善，并且由于其创新生态系统的建立，企业能对内外部环境的变化做出更加快速、更加准确的反应和回馈。先进的创新理念，突出的组织绩效，进而达到突出的创新绩效，这样的创新生态系统将有利于企业形成、保持、提高其核心竞争力。

6.7.1.2 发展和提高组织学习能力

在组织中，组织通过学习能够充分发挥创新生态系统柔性灵活的优势，缩短信息传递链，减少信息传递损耗，降低信息传递成本，最终达成提高资源利用率的目标。与此同时，富有创新热情和学习积极性的企业成员又利用自身学习能力吸收整合的知识、信息和资源，运用到组织的创新活动中，最终给创新绩效提供原动力。

通过对前面创新网络的研究总结，在此建议企业可以设计并完善组织的学习计划，激发员工主人翁意识和学习新知识、新技术、新理念的热情；并通过体制改革降低员工学习成本，丰富员工学习资源；通过设计与公司业务实际相符的培训方案，促进员工学习能力和业务水平的培养，从而提升整个组织以及组织内每位员工的吸收能力、整合能力、应用能力和创新能力，营造良好学习氛围，打造学习型组织，以学习促进组织绩效和企业创新绩效的不断提升，最终达成企业发展目标。

6.7.1.3　完善绩效评价体系

企业应继续完善公司内部的绩效评价制度，制定科学、合理、合法的绩效评价体系，以此对员工组织业绩、创新业绩进行打分，此举有助于激发员工学习热情和创新激情、营造良好创新氛围、实时把握创新进展，提高企业经营成效。本书建议在企业内部的绩效评价体系中，若企业需要对创新表现作出测量，则应该主要集中在技术革新和制度创新两个方面，技术革新可以帮助企业的产品和服务占据更大的市场优势，制度创新可帮助企业不断减少内部资源消耗、提高运行效率、实现永续发展。

通过对研究结论的总结归纳，本书认为，企业可以为员工提供创新平台，积极营造创新氛围，激发创新活力，例如通过定期组织各种创新创造竞赛、岗位技能比武等多种形式的集体活动，以引起员工对企业创新的高度重视，鼓励员工全力参与企业的创新活动，取得创新实效，实现个人绩效与公司发展的统一，最终提高整个企业创新水平和绩效水平。

6.7.1.4　创新项目管理体制

企业要对原来不适合市场需求必需的一些管理方案，包含步骤设计方案层面的规章制度、专业化管理方案和审议的规章制度开展创新。企业信息化管理必定造成信息化管理规章制度的创新，企业务必加速制订和健全有关的信息化管理规章制度。根据深化改革减少职工学习培训的成本费，丰富员工学习资源，通过设计与公司业务实际相符的培训方案，促进员工学习能力和业务水平的培养，从而提升整个组织以及组织内每位员工的吸收能力、整合能力、应用能力和创新能力，营造良好学习氛围，打造学习型组织，以学习促进组织绩效和企业创新绩效的增长，最终实现企业的发展目标。

6.7.1.5　提高战略层管理水平

针对企业而言，在存有好几个运营企业或多元化经营业务流程的状况下，企业应当明确企业在未来一段时间的整体发展方位，并融洽企业属下的每个业务流程企业和工作部门之间的关联，合理布局企业资源，培养企业的竞争优势，为完成企业目标搞好准备工作。

根据调查结果，本书认为企业应当重点关注两个层面的难题：一是"干什么"，就是以企业全局性和发展战略高宽比为立足点，依据环境因素的变化规律及其企业内部标准的发展情况，明确企业的重任和市场定位，明确企业的文化和行业；二是"怎么做"，即企业应当思考在不一样的发展战略下，企业应该怎样开展资源配置、采用哪种发展战略方式、树立什么总体目标方位等，那样企业才可以更好地完成预想的发展战略和获得发展前途。

6.7.1.6　合理控制组织规模

规模性的机构是必需的，前提条件是针对这些参加全世界市场竞争的企业，由于在全世界市场竞争中很多的资源和规模效应所产生的经济效益具备显著。规模性的公司组织是繁杂的、规范化的、系统化的，它们可以构成繁杂的生产流水线，组织复杂的工作，生产复杂的产品，提供复杂的服务。但是，复杂的背后是低效率，大规模的组织常常以官僚制和科层制进行管理，这种传统的工作体制直接导致了企业信息的滞留、企业效率的下降和企业绩效的损耗。相对而言小规模的组织具有更优秀的灵活性，常常能随机应变，因时而动，能更迅速地对环境作出反应。因此，虽然近年来因行业合并产生了许多跨地区、跨行业、跨领域的超大型公司，但世界上经济组织的平均规模正在不断缩小。

综上，本书认为小型化的企业，尤其是以高新技术研发为主的企业应合理地控制组织规模和管理幅度，采取扁平化的、具有高度自由流动性的管理方式来鼓励创业和创新。

6.7.1.7　完善风险防范长效机制

根据企业发展的特点和现状，本书认为企业完善风险防范机制势在必行，对此提出以下两点建议：

一是紧抓主要矛盾，牢固树立底线思维。企业家要冷静分析形势，必须要认识到客观情况，即在当前形势复杂的情况下，企业将会面临以往不存在、不主要、不突出的各种风险和问题，发展具有曲折性，这些问题是前进中必然遇到的，也是必然要解决的。要坚定信念，化危为机，理智灵便应对各种各样风险性和分歧，坚持不懈创新推动，打好本身基本，主动担当作为，积极主动开拓市场，为我国经济健康发展和社会发展做出贡献。

二是要健全风险防控常态化。风险性于企业运营发展中无所不在，各种企业尽管遭遇的风险状况不尽相同，但都需要勤奋提高防治工作能力。预防解决重大风险的观念务必内化于心、集中体现于行，促进预防解决重大风险工作中常态、系统化，生产常态化，坚持不懈顾标标本兼治、高效整治、驰而不息、务实创新，牢筑预防解决重大风险的夯实基础。

6.7.2　对创新效率提升的策略和建议

通过对企业现状的梳理和分析，并且对研究假设的验证可知，目前样本企业创新投入在不断提升，但是创新的效率在高新技术企业中较低，在其他传统行业或制造业的效率及投入都较低，创新效率的提升刻不容缓，针对上述现状和情况，本书提出相应的建议对策。

6.7.2.1　加强主体间深度合作，完善创新生态环境

在创新生态系统内，企业必须充分了解各方面的市场信息情况和资源配置环境，及时了解国家行业动态、政策导向，掌握行业人才缺失信息，保证所需资源有效充分整合，在开放式的生态系统中，最重要的就是加强与其他主体的合作和联系。目前样本企业在合作和共享资源上仍有所欠缺，对市场的反应力不够灵敏，为了破除此环境壁垒，必须鼓励企业与其他组织机构合作，不着眼于企业本身，保持全局观念，找准定位，明确自身所需，学会将资源在系统内充分调配，这不仅能让自身受益，也能让企业受益，形成良性的生态链循环，保

持创新机制的良性发展。

6.7.2.2 优化组织结构，充分利用资源

企业的运行需要一个健康的载体，即企业的组织架构。目前安徽省的创新效率较低，且主要创新环节集中在研发和技术部门，这就造成了创新在整个企业的脱节，在新型创新生态系统环境下，研发周期缩短，市场变革剧烈，创新不应该只是某一部门的责任，而应该是全行业的共同义务。提高组织内部运行效率，市场部门及时跟进信息，制造部门了解自身所需，及时汇报进度，运营部门制定路线图，控制关键节点，从而合理安排进度。科学良性的内部组织结构有利于调整规划，控制重点，降低开发成本，缩短开发周期，从而优化流程，提高效率。

6.7.2.3 增强创新意识，构建创新机制

组织者和创新者不仅要帮助部门制订合理的规划，更重要的是提高部门组织的创新意识。组织要开展积极的创新活动，提高员工的创新氛围，把创新融入组织的日常工作流程中，同时要制定合理的创新机制，保证组织的正常平稳运行。企业要完善流程，创造良好的创新氛围，给员工注入创新意识，帮助企业合理规划发展，度过瓶颈期。

附录 1

创新生态系统视角下企业创新绩效
影响因素研究调查问卷

尊敬的女士/先生：

您好！我们来自安徽工程大学，我们正在进行一项关于创新生态系统视角下企业创新绩效影响因素课题研究，非常需要您在百忙之中填写我们设计的调查问卷。本次调查问卷采用匿名方式填写，我们向您保证绝不外泄您所提供的资料，同时保证本次调查仅用于学术研究，请您安心作答。您的合作对我们意义重大，所以恳请您在填写完毕后耐心检查一下是否有漏选或选错之处，避免形成无效问卷，感谢您的协助。

请依据您的感觉与理解来评估对下列各陈述句的同意程度。其中"1"代表非常不同意，"2"代表不同意，"3"代表一般，"4"代表同意，"5"代表非常同意，请在选定的数字列内打"√"。

			题目	1	2	3	4	5	6
创新生态系统的基础要素	创新主体	Q1	贵企业的整体创新力？						
		Q2	当地高校及科研院整体实力？						
		Q3	当地创新组织的多样化程度？						
	创新资源	Q4	企业的人才资本？						
		Q5	企业的技术资源？						
		Q6	企业的研发资金？						
		Q7	企业的物力资源？						

续表

			题目	1	2	3	4	5	6
创新生态系统的基础要素	创新环境	Q8	企业的创新文化氛围？						
		Q9	企业的制度？						
		Q10	企业的市场环境？						
		Q11	政府的政策支持？						
		Q12	当地的创新服务主体多吗？（包括银行、律师事务所等）						
创新生态系统的特性	协同创新	Q13	贵企业产学协作的密切程度？						
		Q14	贵企业的协作能力怎么样？						
		Q15	贵企业的协助创新成果量？						
	协调适应	Q16	贵企业对当地创新文化的适应性较强？						
		Q17	贵企业对各项创新政策的适应与利用较强？						
		Q18	贵企业对政策调整的反应速度较强？						
		Q19	贵企业会针对市场环境及时调整技术及产品策略？						
	共生耦合	Q20	贵企业可以通过创新生态系统达成多样化的合作关系？						
		Q21	贵企业在创新生态系统中具有明确的系统角色？						
		Q22	创新生态系统可以为企业提供知识互补和兼容？						
		Q23	企业同创新生态系统成员能够实现协同演化？						
		Q24	企业同创新生态系统成员协调交流比较顺畅？						

续表

		题目		1	2	3	4	5	6
创新绩效情况	创新绩效	Q25	贵企业能迅速反应市场需求，开拓新产品？						
		Q26	相比同行而言，贵企业的新产品（服务）数量较多？						
		Q27	贵企业新产品或服务开发速度很快？						
		Q28	贵企业新产品或服务开发成功率很高？						
		Q29	贵企业会适时调整工作流程以加速实现创新目标？						
		Q30	贵企业新产品或服务销售额占总销售额的比重很高？						

基本问题：

1. 请问贵公司的行业类别是：

○高新技术行业　　　　　　　　○批发零售行业

○金融保险行业　　　　　　　　○传统制造业

○建筑行业　　　　　　　　　　○物流仓储行业

○其他行业

2. 贵公司的成立年限：

○3 年以内　　　　　　　　　　○3 ~ 8 年

○8 ~ 15 年　　　　　　　　　　○15 年以上

3. 贵公司主要业务的当前发展阶段：

○投入阶段　　　　　　　　　　○成熟稳定阶段

○成长阶段　　　　　　　　　　○衰退阶段

4. 贵公司的企业类型是（多选题）：

○国有/国有控股企业　　　　　　○民营/私人控股企业

○外商独资/合资企业　　　　　　○上市股份公司

○其他

附录2

创新生态系统视角下创新绩效影响
因素研究调查问卷
——以安徽省为例

尊敬的女士/先生：

您好！非常感谢您在百忙之中抽出时间填写这份问卷。问卷所得的全部资料仅供学术研究之用，绝不对外公布。您的协助将是本研究成败的关键，希望您客观地填答，谢谢！

请依据您的感觉与理解来评估对下列各陈述句的同意程度。其中"1"代表非常不同意，"2"代表不同意，"3"代表一般，"4"代表同意，"5"代表非常同意，请在选定的数字列内打"√"。

	非常 不符合	比较 不符合	一般	比较 符合	非常 符合
组织绩效					
贵企业所在行业技术变化很快？	○	○	○	○	○
贵企业创新项目的架构显著受到掌握资源及手段的影响？	○	○	○	○	○
贵企业产品在同行业中同质化程度很高？	○	○	○	○	○
贵企业主要业务领域顾客总是在寻求新产品？	○	○	○	○	○
贵企业领导人开发的创意或产品有很高的原创性？	○	○	○	○	○
贵企业新产品开发速度远远高于行业标准？	○	○	○	○	○
贵企业创新决策主要追求未来收益？	○	○	○	○	○
贵企业内分工逐渐明确？	○	○	○	○	○

续表

	非常 不符合	比较 不符合	一般	比较 符合	非常 符合
组织绩效					
贵企业对职能部门给予较多重视？	○	○	○	○	○
贵企业对部门或个人的授权程度逐渐合理？	○	○	○	○	○
贵企业的年销售额在业内具有竞争力？	○	○	○	○	○
贵企业的员工总人数在业内处于领先位置？	○	○	○	○	○
组织学习					
贵企业积极鼓励有效的创新观念和行为，并给予奖励？	○	○	○	○	○
贵企业积极投资员工在学习方面的费用？	○	○	○	○	○
贵企业有很完善的员工培训项目和计划？	○	○	○	○	○
贵企业认为员工的学习能力是企业成功的关键因素？	○	○	○	○	○
贵企业具有让新知识新信息跨部门流动的完整机制？	○	○	○	○	○
创新绩效					
贵企业能迅速反应市场需求并落实到生产上？	○	○	○	○	○
相比同行而言，贵企业的新产品（服务）市场占有率高？	○	○	○	○	○
贵企业会打破常规工作流程以加速实现创新目标？	○	○	○	○	○
贵企业绩效评估方案可以准确评价员工的创新贡献？	○	○	○	○	○

基本问题：

1. 请问贵公司的行业类别是：

○高新技术行业 　　　　　　○批发零售行业

○金融保险行业 　　　　　　○传统制造业

○建筑行业 　　　　　　　　　　　○物流仓储行业

○其他行业

2. 请问贵公司的员工人数:

○200 人以下 　　　　　　　　　　○200~300 人

○300~500 人 　　　　　　　　　　○500~800 人

○800~1000 人 　　　　　　　　　○1000 人以上

3. 请问贵公司去年的年营业收入:

○1.5 亿元以下 　　　　　　　　　○1.5 亿~3 亿元

○3 亿~4 亿元 　　　　　　　　　　○4 亿元以上

附录 3

创新生态系统视角下企业创新效率
影响因素调查问卷

尊敬的先生/女士：

　　您好！感谢您在百忙之中抽空填写问卷。该问卷旨在研究创新生态系统与企业创新能力提升之间的关系和研究对策，皆为学术研究所用。请您如实填写问卷，我们将对您的信息进行保密。对于您的支持和反馈，我们表示真诚的感谢！

　　请您根据自我理解对下面问题项目进行打分。其中 1 表示"非常不认同"，2 表示"不认同"，3 表示"一般"，4 表示"认同"，5 表示"非常认同"。

变量		代码	问题选项					
创新生态系统	系统资源	C1	公司能从创新生态系统获取资产性资源	1	2	3	4	5
		C2	公司能从创新生态系统获取资源成本低	1	2	3	4	5
		C3	创新生态系统提供多种渠道识别资源	1	2	3	4	5
	机会识别	C4	公司能够从创新生态系统识别出创新机会	1	2	3	4	5
		C5	从创新生态系统识别出的创新机会不易被模仿	1	2	3	4	5
		C6	从创新生态系统识别的创新机会具有潜在价值	1	2	3	4	5
		C7	创新生态系统为公司持续不断地提供创新机会	1	2	3	4	5
	协同关系	C8	公司通过创新生态系统达成多样化的合作关系	1	2	3	4	5
		C9	公司在创新生态系统中具有明确的系统角色	1	2	3	4	5
		C10	公司同创新生态系统成员协调交流比较顺畅	1	2	3	4	5
		C11	公司同创新生态系统成员能够实现协同演化	1	2	3	4	5

续表

变量		代码	问题选项					
创新要素	资源投入	H1	在创新提升中我们付出了较多的人力资源	1	2	3	4	5
		H2	在创新提升中我们付出了较多的资金	1	2	3	4	5
		H3	在创新提升中我们使用了较多的技术设备	1	2	3	4	5
	主体支持	H4	政府提供相关的政策支持和指导	1	2	3	4	5
		H5	高等院校能够提供相应的人才资源	1	2	3	4	5
		H6	服务机构能够提供资金、技术支持	1	2	3	4	5
	创新意识	H7	企业重视创新人才的培养	1	2	3	4	5
		H8	企业注重打造完备的创新环境	1	2	3	4	5
		H9	企业注重发展良好的创新氛围	1	2	3	4	5
创新效率	产出转化	B1	创新系统提供的资源能被充分吸收	1	2	3	4	5
		B2	创新系统提供的关系能被很好利用	1	2	3	4	5
		B3	创新系统提供的机会能很好识别	1	2	3	4	5
	创新结果	B4	与竞争企业相比，常常领先推出新产品/新服务	1	2	3	4	5
		B5	产品创新和改善投入市场后，相对于竞争企业效果更好	1	2	3	4	5
		B6	创新成果技术含量更高	1	2	3	4	5
		B7	生产工艺明显改进，生产成本明显降低	1	2	3	4	5

基本问题：

1. 请问贵公司的行业类别是：

○高新技术行业　　　　　　○批发零售行业

○传统制造业　　　　　　　○物流仓储行业

○其他行业　　　　　　　　○金融保险行业

○建筑行业

2. 请问贵公司的员工人数：

○200 人以下　　　　　　　○200 ~ 300 人

○300 ~ 500 人　　　　　　○500 ~ 800 人

○800~1000 人　　　　　　　　　○1000 人以上

3. 请问贵公司去年的年营业收入：

○1.5 亿元以下　　　　　　　　　○1.5 亿~3 亿元

○3 亿~4 亿元　　　　　　　　　　○4 亿元以上

参 考 文 献

[1] Anna Lee Saxenian. The origins and dynamics of production networks in Silicon Valley [J]. *Research Policy*, 1991, 20 (5): 423 –437.

[2] Ansoff H. I. *Corporate Strategy* [M]. New York: McGraw Hill, 1965: 227 –236.

[3] Adner R. Kapoor. Value creation in innovation ecosystem: how the structure of technological interdependence affects firm performance in new technology generations [J]. *Strategic Management Journal*, 2009, 31 (3): 306 –333.

[4] Burt R S. *Toward a Structural Theory of Action: Network Models of Social Structure, Perception and Action* [M]. New York: Academic Press, 1982.

[5] Bathelt H, Malmberg A, Maskell P. Clusters and knowledge: Local buzz, global pipelines and the process of knowledge creation [J]. *Progress in Human Geography*, 2004, 28 (1): 31 –56.

[6] Burt R. N. Structure Holes. *The Social Structure of Competition* [M]. Cambridge: Harvard University Press, 1992.

[7] Baron A. Opportunity recognition as pattern recognition [J]. *Academy of Management Perspectives*, 2006, 20 (1): 104 –119.

[8] Chen J, Chen Y, Vanhaverbeke W. The influence of scope, depth, and orientation of external technology sources on the innovative performance of Chinese firms [J]. *Technovation*, 2011, 31 (8): 0 –373.

[9] Christoph H. , Loch U. A. Staffan Tapper. Implementing a strategy-driven performance measurement system for an applied research group [J].

Journal of Product Innovation Management, 2002, 19 (3): 185 – 198.

[10] Chris Freeman. The 'National System of Innovation' in historical perspective [J]. *Cambridge Journal of Economics*, 1995, 19 (1): 5 – 24.

[11] Charles Edquist, Leif Hommen. Systems of innovation: theory and policy for the demand side [J]. *Technology in Society*, 1999, 21 (1): 63 – 79.

[12] Carayannis E. G. , Campbell D. F. J. "Mode 3" and "Quadruple Helix": Toward a 21st century fractal innovation ecosystem [J]. *International journal of technology management*, 2009, 46: 201 – 234.

[13] Emily Bacon, Michael D. Williams, Gareth H. Davies. Recipes for success: Conditions for knowledge transfer across open innovation ecosystems [J]. *International Journal of Information Management*, 2019, 49: 377 – 387.

[14] Franz Tödtling. Regional networks of hightechnology firms——the case of the greater Boston region [J]. *Technovation*, 1994, 14 (5): 323 – 343.

[15] Fukuda K. , Watanabe C. Japanese and US perspectives on the national innovation ecosystem [J]. *Technology in Society*, 2008, 30 (1): 49 – 63.

[16] Freeman J. , Hannan M. T. Niche Width and the Dynamics of Organizational Populations [J] . *American Journal of Sociology*, 1983, 88 (6): 1116 – 1145.

[17] Freeman C. Networks of innovators: A synthesis of research issues [J]. *Research Policy*, 1991, 20 (5): 499 – 514.

[18] Freeman C. *Technology Policy and Economic Performance* [M]. Great Britain Printer Publishers, 1989.

[19] Gerald A. Feltham, Jim Xie. Performance measure congruity and diversity in multi-task principal/agent relations [J]. *The Accounting Review*, 1994, 69 (3): 429 – 453.

[20] Granovetter, M. The strength of weak ties: A network theory revisited [J]. *Sociological Theory*, 1983 (1): 201 – 233.

［21］ Guilherme Brittes Benitez, Néstor Fabián Ayala, Alejandro G. Frank. Industry 4. 0 innovation ecosystems: An evolutionary perspective on value cocreation［J］. *International Journal of Production Economics*, 2020, 228.

［22］ Guannan Xu, Yuchen Wu, Tim Minshall, Yuan Zhou. Exploring innovation ecosystems across science, technology, and business: A case of 3D printing in China［J］. *Technological Forecasting and Social Change*, 2018, 136: 208 − 221.

［23］ Granovetter M. S. *The Strength of Weak Ties*［M］. American Journal of Sociology, 1973: 1360 − 1380.

［24］ Granovetter M. S. Economic action and social structure: The problem of embeddedness［J］. *American Journal of Sociology*, 1985, 91（3）: 481 − 510.

［25］ Gnyawailt D. R. Srivastavav K. Complementary effects of clusters and networks on firm innovation: A conceptual model［J］. *Journal of Engineering and Technology Management*, 2013, 30（1）: 1 − 20.

［26］ Hung K. P. Chou C. The impact of open innovation on firm performance: The moderating effects of internal R&D and environment turbulence［J］. *Technology*, 2013, 33（10）: 368 − 380.

［27］ Joe Tidd, John Bessant, Keith Pavitt. *Managing Innovation: Integrating Technological, Market and Organizational Change*［M］. Hoboken: Wiley, 2005.

［28］ Junsong Bian, Kin Keung Lai, Zhongsheng Hua, Xuan Zhao, Guanghui Zhou. Bertrand vs. Cournot competition in distribution channels with upstream collusion［J］. *International Journal of Production Economics*, 2018, 204: 278 − 289.

［29］ Kim C. , Park J. Explorative search for a high-impact innovation: the role of technological status in the global pharmaceutical industry［J］. *R&D Management*, 2013, 43（4）: 394 − 406.

［30］ Krishnan Rishikesha T. Silicon valley to India build an innovation ecosystem and good thinking will come［J］. *Ievy Business Journal*, 2011

(10): 46 – 49.

[31] Michael Fritsch, Viktor Slavtchev. Determinants of the efficiency of regional innovation systems [J]. *Regional Studies*, 2011, 45 (7): 905 – 918.

[32] Mingwei Zhou, Jiaqi Wang. Research on the impact of innovation ecosystem on the upgrade of automobile industry [A]. FEBM 组委会. 2019 年第四届经济与企业管理国际学术会议论文集 [C]. FEBM 组委会: 武汉金钥匙会务服务有限公司, 2019: 5.

[33] Marta Foddi, Stefano Usai. Regional knowledge performance in europe [J]. *Growth and Change*, 2013, 44 (2): 258 – 286.

[34] María Jesús Nieto, Lluis Santamaría. The importance of diverse collaborative networks for the novelty of product innovation [J]. *Technovation*, 2007, 27 (6 – 7): 367 – 377.

[35] Maietta O W. Determinants of university-firm R&D collaboration and its impact on innovation: A perspective from a low-tech industry [J]. *Research Policy*, 2015, 44 (7): 1341 – 1359.

[36] Moran P. Structural vs. Relational embeddedness: Social capital and managerial performance [J]. *Strategic Management Journal*, 2005, 26 (12): 1129 – 1151.

[37] Mowry Matthew J. Exploring NH's high-tech ecosystem [J]. *Business NH Magazine*, 2012 (11): 48 – 51.

[38] Mina A. Bascavusoglu – Moreau E. Huches A. Open service innovation and the firm's search for external knowledge [J]. *Research Policy*, 2014, 43 (5): 853 – 866.

[39] Morrison A. Gatekeepers of knowledge within industrial districts: who they are, how they interact [J]. *Regional Studies*, 2008, 42 (6): 817 – 835.

[40] Maggionim A. Ubertit E. Knowledge network – Cross Europe which distance matters [J]. *The Annals of Regional Science*, 2009, 43 (3): 691 – 720.

[41] Neil C. Churchill, Alice J. De Koning, Daniel F. Muzyka. Entre-

preneurial organizations: what they are, why they are important and how to become one [J]. *Journal of Enterprising Culture*, 1997, 5 (2): 115 – 135.

[42] Noel M. Tichy, Michael L. Tushman, Charles Fombrun. Social network analysis for organizations [J]. *The Academy of Management Review*, 1979, 4 (4): 507 – 519.

[43] Olivier Parent, James P. LeSage. Determinants of knowledge production and their effects on regional economic growth [J]. *Journal of Regional Science*, 2012, 52 (2): 256 – 284.

[44] Philip Cooke. The virtues of variety in regional innovation systems and entrepreneurial ecosystems [J]. *Journal of Open Innovation: Technology, Market, and Complexity*, 2016, 2 (1).

[45] Rehm S. V., Goel L., Junglas I. Information management for innovation networks—an empirical study on the "who, what and how" in networked innovation [J]. *International Journal of Information Management*, 2016 (36): 348 – 359.

[46] Stan Metcalfe, Ronnie Ramlogan. Innovation systems and the competitive process in developing economies [J]. *The Quarterly Review of Economics and Finance*, 2008, 48 (2): 433 – 446.

[47] Xuemei Xie, Hongwei Wang. How can open innovation ecosystem modes push product innovation forward? An fsQCA analysis [J]. *Journal of Business Research*, 2020, 108: 29 – 41.

[48] Zahra S A, Nambisan S. Entrepreneurship and strategic thinking in business ecosystems [J]. *Business Horizons*, 2012, 55 (3): 219 – 229.

[49] 包宇航, 于丽英. 创新生态系统视角下企业创新能力的提升研究 [J]. 科技管理研究, 2017, 37 (6): 1 – 6.

[50] 陈向东, 刘志春. 基于创新生态系统观点的我国科技园区发展观测 [J]. 中国软科学, 2014 (11): 151 – 161.

[51] 崔永华, 王冬杰. 区域民生科技创新系统的构建——基于协同创新网络的视角 [J]. 科学学与科学技术管理, 2011, 32 (7): 86 – 92.

［52］陈旭，李仕明．产业集群内双寡头企业合作创新博弈分析
［J］．管理学报，2007（1）：94－99．

［53］陈劲，阳银娟．外部知识获取与企业创新绩效关系研究综述
［J］．科技进步与对策，2014，31（1）：156－160．

［54］杜维，马阿双，谭迪．企业服务创新绩效评价指标体系研究
［J］．中国管理信息化，2015（17）：78－81．

［55］方卫华．创新研究的三螺旋模型：概念、结构和公共政策含
义［J］．自然辩证法研究，2003（11）：69－72，78．

［56］樊霞，贾建林，孟洋仪．创新生态系统研究领域发展与演化
分析［J］．管理学报，2018，15（1）：151－158．

［57］范洁．创新生态系统案例对比及转型升级路径［J］．技术经
济与管理研究，2017（1）：32－37．

［58］方炜，王莉丽．协同创新网络的研究现状与展望［J］．科研
管理，2018，39（9）：31．

［59］高月姣，吴和成．创新主体及其交互作用对区域创新能力的
影响研究［J］．科研管理，2015，36（10）：51－57．

［60］黄海霞，陈劲．创新生态系统的协同创新网络模式［J］．技
术经济，2016，35（8）：31－37，117．

［61］黄鲁成．区域技术创新生态系统的特征［C］．全国"产业集
群与中国区域创新发展"研讨会．中国软科学研究会，2002．

［62］黄杜鹃，陈松，叶江峰．主动组织遗忘、吸收能力与创新绩
效关系研究［J］．科研管理，2016，37（10）：18－25．

［63］胡平，卢磊，王瑶．协同创新的网络特征与结构分析——以
北京市协同创新中心为例［J］．科学学与科学技术管理，2016，37
（2）：70－78．

［64］蒋石梅，吕平，陈劲．企业创新生态系统研究综述——基于
核心企业的视角［J］．技术经济，2015，34（7）：18－23，91．

［65］蒋勤峰．苏南地区创新型企业社会资本与创业绩效关系研究
［J］．科研管理，2016（13）：15－23．

［66］康健．集群企业双重关系嵌入、动态能力及创新绩效关系研
究［D］．杭州：浙江工商大学，2015．

[67] 孔德泰. 生态系统视角下中关村示范区协同创新发展研究 [D]. 北京：中国矿业大学，2017.

[68] 罗亚非，郭春燕. 稳健主成分分析在区域技术创新生态系统绩效评价中的应用 [J]. 统计与信息论坛，2009，24 (5)：36－41.

[69] 林丽. 国际化模式、吸收能力与企业创新绩效关系研究 [J]. 商业经济研究，2015 (32)：105－108.

[70] 刘颜楷，尤建新. TDBMC 整合创新模式实证研究：多维度分层次整合与影响路径 [J]. 科技进步与对策，2019，36 (12)：1－10.

[71] 黎友焕，方田. 粤港澳大湾区政产学研协同创新生态系统运作机制研究 [J]. 经济研究导刊，2019 (35)：7－12.

[72] 刘晓敏. 隐性知识获取、机会能力与创业绩效 [J]. 科技管理研究，2017，37 (20)：117－123.

[73] 刘学元，丁雯婧，赵先德. 企业创新网络中关系强度、吸收能力与创新绩效的关系研究 [J]. 南开管理评论，2016，19 (1)：30－42.

[74] 刘春艳，马海群. 产学研协同创新团队知识转移影响机理的实证研究 [J]. 情报理论与实践，2018，41 (4)：87－93.

[75] 李万，常静，王敏杰，朱学彦，金爱民. 创新3.0与创新生态系统 [J]. 科学学研究，2014，32 (12)：1761－1770.

[76] 刘雪芹，张贵. 京津冀产业协同创新路径与策略 [J]. 中国流通经济，2015，29 (9)：59－65.

[77] 柳卸林，孙海鹰，马雪梅. 基于创新生态观的科技管理模式 [J]. 科学学与科学技术管理，2015，36 (1)：18－27.

[78] 吕玉辉. 技术创新生态系统的要素模型与演化 [J]. 技术经济与管理研究，2011 (9)：25－28.

[79] 刘路明. 企业协同创新网络特征与协同创新绩效的关系研究 [D]. 杭州：浙江工商大学，2019.

[80] 龙剑军. 集群企业合作困境的形成机理及治理机制 [D]. 重庆：重庆大学，2015.

[81] 刘丹，闫长乐. 协同创新网络结构与机理研究 [J]. 管理世界，2013 (12)：1－4.

［82］林南．构建社会资本的网络理论［J］．国外社会学，2002（2）：18－37．

［83］龙剑军，赵骅．集群溢出对双寡头 Bertrand 竞争价格均衡的影响分析［J］．科研管理，2015，36（2）：146－150．

［84］李其玮，顾新，赵长轶．影响因素、知识优势与创新绩效——基于产业创新生态系统视角［J］．中国科技论坛，2018（7）：56－63．

［85］彭本红，武柏宇．平台企业的合同治理、关系治理与开放式服务创新绩效——基于商业生态系统视角［J］．软科学，2016，30（5）：78－81．

［86］任洁．协同创新网络特征对企业创新绩效的影响研究——基于知识转移效率的中介效应［D］．太原：山西财经大学，2019．

［87］孙天阳，成丽红．中国协同创新网络的结构特征及格局演化研究［J］．科学学研究，2019，37（8）：1498－1505．

［88］史竹生．创新生态系统视角下安徽省企业创新效率评价研究［J］．中国市场，2019（11）：163，165．

［89］吴金希．创新生态体系的内涵、特征及其政策含义［J］．科学学研究，2014，32（1）：44－51，91．

［90］王娜，王毅．产业创新生态系统组成要素及内部一致模型研究［J］．中国科技论坛，2013（5）：24－29，67．

［91］王凯，邹晓东．由国家创新系统到区域创新生态系统——产学协同创新研究的新视域［J］．自然辩证法研究，2016，32（9）：97－101．

［92］王帮俊．高水平行业大学产学研协同创新网络特征与联结机制研究［J］．济南大学学报（社会科学版），2014，24（1）：23－29．

［93］王姝，陈劲，梁靓．网络众包模式的协同自组织创新效应分析［J］．科研管理，2014，35（4）26－33．

［94］王凤莲，赵骅．技术创新对集群双寡头 Bertrand 竞争均衡的影响分析［J］．管理工程学报，2018，32（1）：66－67，69－70．

［95］王凤莲，赵骅．技术创新对集群双寡头产量博弈均衡的影响分析［J］．系统科学与数学，2016，36（8）：1255－1264．

［96］王金凤，张博，冯立杰．技术创新过程中的知识获取路径研究［J］．工业技术经济，2014（11）：144－148.

［97］王朝云．创新效率与组织规模的动态适应性分析［J］．统计与决策，2010（1）：175－177.

［98］许青青，许广永．创新生态系统视角下安徽省区域创新能力评价［J］．淮南师范学院学报，2017，19（5）：24－29.

［99］谢识予．有限理性条件下的进化博弈理论［J］．上海财经大学学报，2001（5）：3－9.

［100］解学梅．中小企业协同创新网络与创新绩效的实证研究［J］．管理科学学报，2010，13（8）：51－64.

［101］解学梅，左蕾蕾．企业协同创新网络特征与创新绩效：基于知识吸收能力的中介效应研究［J］．南开管理评论，2013，16（3）：47－56.

［102］约瑟夫·熊彼特．经济发展理论［M］．北京：商务印书馆，1900.

［103］杨荣．创新生态系统的界定、特征及其构建［J］．科学与管理，2014，34（3）：12－17.

［104］杨志江．区域创新绩效评价研究方法及其应用研究［D］．桂林：广西师范大学，2007.

［105］杨红霞，鲁可鑫．区域创新能力评价体系研究［J］．商场现代化，2018，18（23）：173－174.

［106］晏梦灵，余艳，董小英．基于信息系统与组织学习的双元能力构建机制：以华为为例［J］．信息系统学报，2016（1）：17－92.

［107］余浩，刘文浩，陈崇．高管团队认知交互与创新绩效的关系：有调节的中介效应检验［J］．科技进步与对策，2020，37（20）：145－152.

［108］于晓宇，陶向明，李雅洁．见微知著？失败学习、机会识别与新产品开发绩效［J］．管理工程学报，2019，33（1）：51－59.

［109］张宝建，胡海青，张道宏．企业创新网络的生成与进化——基于社会网络理论的视角［J］．中国工业经济，2011（4）：117－126.

［110］张秀娥，张皓宣．社会网络理论研究回顾与展望［J］．现代

商业，2018（20）：154-157.

　　[111] 张方华. 企业社会资本与技术创新绩效：概念模型与实证分析 [J]. 研究与发展管理，2006，3：47-53.

　　[112] 郑述招，吴琴. 从知识产权看城市创新能力及创新生态系统构建—以珠海市为例 [J]. 科技管理研究，2016，36（5）：111-116.

　　[113] 张庆垒，刘春林，郑莹. 组织游移对创新绩效的影响研究 [J]. 管理学报，2020，17（1）：76-84.

　　[114] 张红，葛宝山. 创业机会识别研究现状述评及整合模型构建 [J]. 外国经济与管理，2014，36（4）：15-24，46.

　　[115] 张浩，孙新波，张雨，等. 揭开创业机会识别的"红盖头"——基于反事实思维与机会识别的实证研究 [J]. 科学学研究，2018，36（2）：296-303.

　　[116] 张婷，张琼. 科技创新管理与经济发展作用研究 [J]. 科技和产业，2020，20（2）：23-27.

　　[117] 赵长伟，王留军，应向伟. 粤苏浙鲁皖五省创新创业生态系统比较研究 [J]. 工业技术经济，2020，39（2）：47-54.

　　[118] 周袁忠. 企业内社会资本、组织学习与技术创新能力关系研究 [D]. 蚌埠：安徽财经大学，2014.